KB117696

남북경제협력
회계 통일이 우선이다

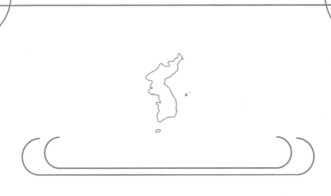

남북경제협력
회계 통일이 우선이다

한국공인회계사회

중앙books

이념을 넘어선 경제협력의 기반이자 기본 언어

한반도의 긴장완화를 위한 큰 흐름과 노력 속에서 남북경제협력 추진의 필요성과 물꼬 트기에 대해서 많은 공감대가 형성되고 있습니다. 이러한 흐름하에서 남북경협 추진전략, 로드맵 등에 대한 수많은 논의가 이루어지고 있습니다.

본격적인 남북경협시대를 준비하려면 기업의 언어라고 할 수 있는 '회계' 부문에서의 협력이 선행되어야 합니다. 경제협력의 성과를 적절하게 평가할 수 있도록 북한의 회계 인프라가 보완되어야 하고, 이를 위해서는 남과 북의 협력이 필요합니다.

회계는 경제발전의 기본 인프라이며 회계가 바로 서야 자원배분이 효율적으로 이루어져 경제가 바로 서는 만큼 회계가 이념을 넘어서서 남과 북이 협력할 수 있는 연결고리가 될 수 있습니다. 회계 협력을 통해 남과 북의 공고한 경제협력에 시동을 걸 수 있는 것입니다. 따라서 한국공인회계사회는 남북회계협력의 필요성을 인식하고, 2018년 7월 초 남북회계협력위원회를 구성했습니다. 위원회는 학계·회계업계·연구기관 등에서의 핵심 멤버 20여 분으로 구성되어 있습니다. 각자 맡은 바 중책이 있음에도 불구하고 자발적으로 참여 의사를 밝혀주시고, 계획된 연구과제를 적극적으로 담당하고 계십니다.

남북회계협력위원회가 주관하여 진행한 주요 연구내용은 2018년 10월 31일 '제1회 회계의 날'을 기념하는 특별 세미나에서 발표되었고, 이후 추가로 수집된 자료를 중심으로 내용을 집대성하여 『남북경제협력-회계 통일이 우선이다』 발간으로 결실을 맺게 되어 매우 기쁘게 생각합니다. 한국공인회계사회는 회계 전문가의 지식을 집단 자산화하여 사회에 공헌할 수 있는 다양한 사업을 진행하고 있습니다. 이 책의 발간 역시 집필진이 보유하고 있는 지식을 사회에 공헌하는 차원으로 이해하여 주시길 독자 여러분께 부탁드립니다.

이 책은 총 4부로 구성되어 있습니다. '1부 북한회계를 이해하다'에서는 북한회계의 현주소를 다루며, 그동안 접근하기 어려웠던 북한회계에 대한 내용을 심도 있게 정리하였습니다. '2부 우리는 무엇을 해왔는가?'에서는 과거 남북경제협력의 사례를 살펴보고 회계협력의 필요성과 나아가야 할 방향을 제시하였습니다. 그리고 '3부 경제개방으로 달라지려는 북한'에서는 최근 북한의 대내외 경제정책을 살펴보았습니다. 마지막으로 '4부 미래를 위한 준비'에서는 체제전환시 우리가 참고할 만한 해외 사례와 더불어, 향후 남북회계협력을 위한 중점 추진사항과 Road-map을 제시하고 있습니다. 이와 같은 내용은 정책당국도 관심을 가질 만한 시의적절한 주제라고 생각합니다.

이 책의 기획·발간에 힘써주신 분들께 감사 인사를 전합니다. 먼저 추천의 글을 흔쾌히 써주신 통일부 김연철 장관님, 금융위원회 최종구 위원장님, 현대아산㈜ 배국환 사장님께 감사의 말씀을 드립니다. 그리고 남북회계협력위원회를 이끌어주신 곽수근 위원장님과 남북회계협력위원회 집필진 여러분께 다시 한 번 감사드립니다. 책의 출판을 위해 노력해주신 중앙북스 관계자 분들께도 감사의 말씀을 드립니다.

마지막으로 『남북경제협력-회계 통일이 우선이다』가 남북회계협력의 의미 있는 시발점始發點이 되기를 바라며, 지속적으로 관련 연구가 이루어질 수 있도록 공인회계사회도 적극적인 지원을 아끼지 않겠습니다. 이 책이 북한회계에 대한 이해를 돕고 남북경제협력의 나침반이 되길 기대합니다.

2019년 5월

한국공인회계사회

최중경 회장

남북회계협력은 지속가능한 경제협력을 위한 시발점

2018년 평창에서 시작된 한반도 평화의 흐름은 세 차례 남북정상
회담을 거치며 거대한 역사적 흐름이 되었습니다. 이제 전쟁 없는
평화의 시대를 넘어, 평화가 경제의 새로운 성장 동력이 되는 한반
도 평화경제의 시대를 준비해야 할 때입니다. 특히, 남북경제협력
은 우리 경제가 직면한 저성장의 위기를 돌파하고, 한반도 평화를
더욱 공고히 할 수 있는 소중한 기회입니다. 비핵화와 평화 정착 과
정에서 그 기회의 창이 열릴 것입니다. 기회가 왔을 때 놓치지 않기
위해서는 앞날을 내다보고 미리 준비하는 지혜가 필요합니다.

　본격적인 남북경제협력에 앞서 우리가 준비해야 할 분야 중 하나
가 '회계'입니다. 경제협력 사업이 지속가능하기 위해서는 예측가
능성과 투명성이 담보되어야 하고, 회계는 이 두 가지 모두와 연결

되어 있는 핵심 요소이기 때문입니다. 남북 간 경제교류의 폭이 넓어지고, 한반도가 '하나의 시장'에 가까워질수록 회계 통일의 필요성은 커질 것입니다. 이러한 차원에서 한국공인회계사회는 지난해 7월부터 산하에 남북회계협력위원회를 신설하여, 북한회계 제도를 연구하고 남북회계협력 방안을 모색하기 위해 노력해 왔습니다. 이 책의 발간은 그러한 노력의 일환입니다.

이 책은 우리에게 아직 생소한 북한회계를 소개하고, 향후 남북회계협력의 방향을 제시하고 있습니다. 어렵고 전문적인 내용임에도 배경지식이 없는 독자들도 이해할 수 있도록 쉽게 서술되어 있습니다. 남북경제협력을 준비하는 정부기관과 민간기업, 학계와 회계업계 모두에게 큰 도움이 될 것이라고 생각합니다. 이 책이 앞으로 회계 분야에서 남북협력이 이루어지는 데 중요한 밑거름이 되기를 기대합니다.

2019년 5월

통일부

김연철 장관

실질적인 경제협력을 위한 튼튼한 반석

평화는 우리가 추구해야 할 최우선의 가치이며 번영을 위해 필수불가결한 토대입니다. 평화로 나아가는 중요한 디딤돌이라 할 수 있는 남북경제협력이 성공하기 위해서는 서로에 대한 신뢰가 있어야 하며, 이를 위해서는 상대방을 이해하려는 노력이 반드시 필요합니다.

남북경제협력이 활성화되기 위해서는 '실물'과 '금융'이라는 두 바퀴가 함께 굴러가야 할 것입니다. 특히 금융은 신뢰에 기반한 활동이기 때문에 금융이 제 역할을 다하기 위해서는 협력 파트너인 북한에 대한 이해부터 시작해야 할 것입니다. 한국공인회계사회가 운영하고 있는 '남북회계협력위원회'도 이와 궤(軌)를 같이 한다고 생각하며, 그러한 점에서 이 책은 우리 남북경제협력에 중요한 의미를 가질 수 있다고 봅니다.

서로의 다름을 인정하는 상호 존중의 자세에서 참된 평화가 비롯될 수 있듯이, 서로 다른 경제체제 사이에서 평화를 만들어 가는 의사소통의 도구로서 회계를 바라볼 수 있습니다. 이 책은 북한회계에 대한 지침서로서의 역할에도 충실하지만, 북한경제 및 외국 사회주의 국가의 경제전략에 대한 거시적 측면에서부터 과거 개성공단에서 나타난 남북간의 갈등사례 등 미시적 측면에 이르기까지 방대한 자료를 토대로 향후 남북경제협력을 이끌어나가기 위해 필요한 통찰력을 제공하는 데도 소홀하지 않습니다. 우리나라의 대표적인 경제전문가들이 공동체 구성원으로서의 책임의식을 가지고 이러한 의미있는 프로젝트를 기획하였다는데 존경을 표하며, 앞으로도 지속적으로 노력해 주실 것을 기대합니다.

우리가 북한과 함께 한반도 新경제공동체를 구현하기 위해서는 '평화와 번영의 한반도'라는 비전을 공유하고 '함께 잘 사는 한반도'를 만들어나가겠다는 의지를 다져나가는 노력이 중요하다고 생각합니다. 이 책에 담긴 노력과 같이 민간영역의 교류가 앞으로 계속되어 실질적인 남북경제협력과 평화통일을 이루어낼 수 있는 든든한 반석(盤石)이 만들어질 수 있기를 바랍니다.

2019년 5월

금융위원회 위원장

최 종 구

회계 통일, 남북경협의 미래를 위한 열쇠

남북경협이 그 어느 때보다 높은 관심을 받고 있습니다. 기적처럼 찾아온 남북·북미 정상회담은 한반도 대전환의 서막을 열었고, 남북은 경제협력을 바탕으로 한 미래지향적 관계로 나아가기 위해 노력하고 있습니다.

남북경협은 남북이 함께 이루어야 할 '평화와 번영'의 첫걸음인 동시에, 앞으로 펼쳐질 통일의 여정에서 '유용한 길잡이'가 될 것이라 생각합니다. 물론 첫 단추를 꿰기까지는 아직도 많은 과정과 과제가 남아있지만, 경제협력을 통해 남북공영의 성공 모델을 찾기 위해서는 지금부터 철저한 대비와 준비가 필요합니다.

남북은 70년 넘게 오랜 분단의 세월을 보내면서, 정치·경제·사회·문화 전 분야에 걸쳐 이질성이 심화되었습니다. 이에 남북은 서로의 간극을 좁히고, 시각차를 극복하기 위해 다양한 교류·협력을 추진해 왔습니다. 특히 금강산 관광·개성공단 등 경제협력이 실현되면서, 이를 기반으로 여러 분야의 소통과 공감이 이루어지기도 했습니다.

하지만 경제활동의 가장 기본이 되는 '회계 분야'는 이제까지의 남북협력에서 깊은 관심을 받지 못했습니다. 경제협력의 공정한 기준이 되어야 할 '회계' 또한 남북 간 인식 차가 큰 만큼, 향후 남북경협이 정상화되는 과정에서 우선적으로 논의하고 협력해야 할 과제입니다.

이번에 한국공인회계사회가 출간한 『남북경제협력-회계 통일이 우선이다』는 앞으로 남북이 함께 이루어나가야 할 '회계협력과 통일'을 위한 소중한 이정표라고 생각합니다.

이 책에는 ▲북한회계의 현황과 변화상 ▲남북회계의 비교 ▲남북경협 및 해외사례 ▲회계협력 방안 등 상당히 구체적인 자료와 추진방향을 제시하고 있습니다. 어려운 연구환경 속에서 이루어낸 참신한 성과라고 생각하며, 향후 남북경협 추진 과정에도 큰 도움이 될 것이라 기대합니다.

회계는 가장 기본적인 경제언어이며 소중한 사회적 자본입니다. 남북이 정확한 회계기준을 공유하고, 이를 기초로 한 기업회계의 객관성, 통일성, 정확성, 시기성, 투명성 등이 보장되어야만 상호 신뢰 속에서 남북경협이 지속가능한 발전을 이룰 수 있습니다.

하지만 남북의 회계협력은 아직까지 개성공단에서조차 미흡한 실정입니다. 서로의 정보가 부족해 기초적인 세금 문제로도 갈등을 빚은 바 있고, 상호 절충을 위해 노력하면서도, 신뢰 부족과 선입관에서 비롯된 확증편향確證偏向의 경향을 보이기도 했습니다.

개성공단의 한 관계자는 "남측 기업 대표가 크고 좋은 새 차로 바꾼 것을 보고 북측이 세금을 더 부과한 적이 있다."는 일화를 들려주기도 했습니다. 물론 과장이 섞인 이야기겠지만, 4차 산업혁명 시대를 사는 지금, 한 기업의 경영 상태를 가늠하는 기준이 이처럼 빈약하다는 것은 웃지 못할 대목입니다.

아이러니하게도 개성은 회계학의 발전을 이끈 '복식부기'의 발원지로 알려진 곳입니다. 고려 개성상인이 베니스상인보다 200년 앞서 '복식부기'를 만들고 사용하였다는 것은 놀라운 사실입니다. 우리 선조의 지혜로운 기운이 깃든 개성인 만큼, 남북경협이 정상화된다면 개성공단에 가장 먼저 선진적인 '회계 시스템'이 갖추어질 것이라 믿습니다.

'회계 시스템의 표준화'는 개성공단뿐 아니라 모든 경협사업에 적용되어야 할 중요한 필요조건입니다. 남북은 물론 국제사회까지 신뢰할 수 있어야만 남북경협이 발전적인 미래로 나아갈 수 있습니다. 북한 또한 경제부흥이 시급한 지금, 성공적인 해외투자 유치를 위해서라도 IFRS 등 국제회계기준을 도입해 투자자들에게 합리적인 정보를 제공하고, 이를 시작으로 모든 경제 부문의 글로벌 스탠더드^{Global Standard}를 실현시켜 나가야만, 다양한 국제기구에 가입해 당당한 국제사회의 일원으로 자리 잡을 수 있을 것이라 생각합니다.

남북경협의 미래를 위해 '회계 통일'이라는 화두를 던지고, 회계 협력의 기본 방향을 제시한 한국공인회계사회의 노력에 다시 한 번 감사드리며, 하루빨리 남북경협이 제자리를 찾고 확대 · 발전할 수 있는 여건과 환경이 조성되기를 기대합니다.

2019년 5월

현대아산(주) 대표이사
배국환 사장

차 례

1부

북한회계를 이해하다

북한의 회계

정석우_고려대학교 경영학과 교수
정형록_경희대학교 회계·세무학과 교수
정기욱_삼일회계법인, 공인회계사

회계는 사회주의와 자본주의보다 오래된 역사를 갖고 있다. 세상이 두 개의 이념으로 나누어진 이후에도 각 경제질서를 유지하는 시스템 역할을 수행해 왔다. 다만 기능은 비슷하나 정치이념에 따라 발전방향이 달랐을 뿐이다. 사회주의체제는 회계를 계획경제의 실행과 중앙집권식 통제수단으로 사용했으며, 자본주의는 다양한 이해관계자의 합리적인 의사결정을 위한 정보생산체계로 발전시켜 왔다. 북한회계는 경제체제의 근본을 알아 가는 것부터 시작해야 한다.

북한도 복식부기를 한다

북한회계의 발전

회계제도는 그 나라의 경제체제에 따라 형성된다(김병호, 2001). 사회주의 체제 특성이 있는 북한은 국가재정기관이 설정한 목표를 하부조직인 기관, 기업소, 단체 등이 얼마나 달성했는가를 통제하기 위하여 회계를 사용한다. 북한회계의 주요 역할은 경제활동 통제 및 재정관리의 수단일 뿐 아니라 조직을 통제하거나 감시하는 기능도 있다.

북한은 당의 경제정책을 모든 경영단위가 철저히 관철하여 국가의 경제계획을 그대로 수행했는지를 파악하는 통제방법으로 부기를 사용했는데, 북한의 설립 초기에는 단식부기의 일종인 약식부기와 간이식부기를 사용하였다. 약식부기는 협동농장이 조직되던 초기에 현금과 예금을 제외한 현물거래 계산에 적용되었고, 이후 약식부기가 발전된 형태인 간이식부기를 사용하였다. 간이식부기는 복식기입을 적용하지 않고 장부에 계시(계정과목)와 거래의 부기적 대응관계를 작성하는 방법이다.

이후 재산과 자금 원천의 변동을 동시에 반영하는 부기계산의 한 종류로 복식부기가 도입되었다. 북한의 복식부기는 재산의 변동, 재산의 형성 원천의 변동, 손익의 발생을 화폐단위로 기록한다. 이는 남한의 복식부기제도와 같은 개념이라고 할 수 있으나 기업 특성에 따라 회계처리방법을 선택할 수 있는 남한과 달리 북한의 복식부기는 중앙통계국과 재정성에 의한 통일된 지도에 따라 국가적으로 단일한 방법을 사용하고 있다. 북한과 남한의 복식부기제도는 개념은 유사하지만, 북한은 회계처리방법을 선택할 수 있는 남한의 복식부기에 대해 "자본주의 체제하에서의 부기는 자본가 계급의 이해를 대변하여 경영과정을 고의로 왜곡하고, 잉여가치의 창조과정을 숨길 수 있게 편성되어 있다. 부기계산의 허위성은 특히 독점자본의 초과이윤의 원천을 숨기기 위하여 더욱 강화된다."라고 비판하며 북한회계의 방법적 통일성이 우월하다고 강조하고 있다(김병호, 2001).

강력한 중앙통제를 통해 북한의 모든 종류의 조직단위가 동일한 방법을 이용하고 있는 복식부기는 모든 경영단위가 인민경제계획을 성실히 수행하고 있음을 의미한다.

북한의 부기 형태는 계산수단, 기입방식, 기입순서, 결합 형태에 따라 규정되는 부기절차에 따라 분기표식, 분기일기장식, 일기원장식, 분기원장식 등 다양하게 나타난다. 또한 조직의 규모와 유형에 따라 부기계산에서 이용되는 장부의 종류, 형태, 기입방법, 순서, 결합방식 등이 다르다.

가장 많이 사용되는 부기 형태는 1958년에 만들어진 분기일기장과 일람표식 종합계시원장을 사용하는 분기일기장식이다. 분기일기장은 분기표와 등록일기장을 결합한 형태이고, 일람표식 종합계시원장은 유동고정일람표를 포함하고 있다. 유동고정일람표는 유동자산과 유형자산만을 열거한 표로 남한의 재무상태표와 유사하다고 할 수 있다.

분기일기장식은 분기표를 따로 작성하지 않고 해당 서류에 직접 분기하고 분기일기장을 매일 마감한 후 계시별로 금액을 합산하여 종합계시원장에 기입하는 방식이다. 분기일기장은 남한의 총분개장과 유사하고, 종합계시원장은 남한의 총계정원장과 유사하다. 분기일기장식은 계산이 간편하고 매일 기록하여 업무가 월말에 편중되지 않도록 하는 방식이어서 대부분의 북한 기업소에서 사용하고 있다.

그러나 2002년 7월 1일 경제관리개선조치 이후에 제정된 「조선민주주의인민공화국 회계법」은 회계와 부기를 명확하게 구분하였다. 회계는 "경제활동을 화폐적으로 반영하고 통제하며 타산하는 재정관리의 기본수단"이라고 정의하고 모든 경제활동에 수반되는 화폐자금 운용에 대한 기록계산과 분석·타산 과정을 포괄하는 개념으로 본 반면, 부기는 개별적 경제단위에서의 화폐자금 운용을 대상으로 경상계산과 결산을 포괄하는 회계의 계산기술적 과정으로 회계의 한 구성 부분으로 정의하였다. 또한 개념 체계에서 복식기입 방법이 상호견제원리를 구현하고 있음을 제시하였다. 상호견제원리란 회계계산의 객관성, 과학성, 통제적 요구를 반영하는 회계계산의 독특한 원리로 경제거래에 따른 자금변동을 다른 측면에서 여러 방법으로 계산하여 서로 대비, 통제하는 회계계산의 원리이다. 이는 남한의 복식부기에 따른 대차평균원리 개념과 유사하다.

북한에서 복식기입은 회계계산의 고유한 방법으로 경제거래에 의한 자금변화를 계시체계와 연관지어 이중적으로 기록하고 계산하는 회계계산 방법이라고 정의되고 있다. 또한 복식기입의 본질적 특성으로 첫째, 하나의 경제거래를 두 개의 계시에 동시에 기입하고, 둘째, 두 개의 계시 서로 반대쪽 면에 기입하며, 마지막으로 두 개의 계시에 같은 금액을 기입한다는 것을 들었다. 복식기입은 다음의 절차와 방식으로 진행되고 있는 것으로 나타났다(김옥선 등, 2007).

1. 해당 경제거래가 자금의 어떤 요소를 어떻게 변화시켰는지, 즉 자금변화의 내용을 판단한다.
2. 자금변화의 내용에 대한 정확한 판단을 기초로 하여 이를 기록하고 계산하기 위한 계시를 선택한다.
3. 설정된 계시가 자금이용 성격인지, 자금조성 성격인지를 판단하여 기입원리에 맞게 기재한다.

회계계산 실무에서 복식기입은 분기로 복식기입을 준비하는 단계와 분기에 기초하여 회계장부에 복식기입을 하는 단계로 진행된다. 분기는 경제거래에 따른 자금변화의 내용을 어떻게 복식기입하느냐를 정하는 것으로, 복식기입의 준비단계로 간주한다. 복식기입은 이후 분기된 자료를 토대로 회계장부에 기계적으로 옮겨 쓰는 방식으로 진행된다. 계산의 정확성을 담보하기 위하여 경제거래별로 복식기입 준비를 하고, 회계계산은 상호견제원리에 따라 여러 측면에서 복식으로 기입한다는 것은 회계계산의 본질이 복식기입임을 강조하는 것이라 할 수 있다. 또한 장부의 모든 복식기입은 분기에 의해 법적으로 담보된다. 즉, 회계장부의 복식기입은 이미 진행한 계산을 검열하는 통제 역할을 수행하는 것이라 판단된다.

7.1 경제관리개선조치 이후 제정된 「회계법」에 의해 계시체계에 따른 다양한 복식부기가 가능해졌다. 이러한 복식부기의 변화는 부기에서 회계복식기입으로의 전환으로 정의할 수 있다. 부기가 재산면과 자금원천면으로 구분되는 두 개의 면에 대한 두 개 부류의 계시체계에 의한 복식기입으로 재산과 자금원천대조표라는 재정상황 정보를 제공해 주는 기능을 했다. 그러나 회계복식기입은 네 개 부류 또는 여덟 개 부류에 의한 국가적 범위의 복식기입을 가능하게 하여 경영활동과 재정관리를 계획적으로 조직할 뿐만 아니라 수입과 지출을 대비하여 순소득을 확정하며 재정적 실리를 평가하는 기능과 역할을 수행한다. 회계복식기입은 경영회계의 수지계산원리를 확대하여 종합체계를 수립할 수 있는 토대로, 예산지출과 예산수입 및 그 편차, 예산수입결제와 예산지출결제 및 그 편차 등

여덟 부류까지의 계시체계를 만들어 다양한 복식기입이 가능하게 되었다(김칠성, 2006).

북한의 회계구성

북한의 회계는 회계계산, 회계분석, 회계검증의 세 단계로 이뤄져 있다. 회계계산은 회계의 첫 단계이자 가장 중요한 과정으로, 다시 경상계산과 회계결산의 두 단계로 나뉜다.

경상계산은 경제활동 과정에서 일어나는 경제거래들을 해당 시점마다 파악하고 계산하는 일상적인 회계계산 과정으로, '종합계산'과 '세분계산'을 하며, 매일 마감하는 단계를 거친다.

경상계산의 첫 번째 단계는 서류를 통해 이루어지는 거래의 파악, 이에 대한 검토 및 회계처리이다. 서류작성에서 가장 중요한 것은 사실 그대로를 보여 주는 것이며, 서류검토에서 가장 중요한 것은 서류가 법적 증빙문건 및 회계계산의 근거문건으로서의 내용과 형식을 완전히 갖추었는지 여부이다. 두 번째 단계는 종합계산과 세분계산이다. 종합계산은 종합계산 장부에 거래를 복식으로 기입하고, 세분계산은 세분계산 장부에 거래를 단식으로 기입한다. 마지막 단계는 계산을 마감하는 것으로, 종합계산의 마감은 계정별 차·대변 당기금액의 합계와 잔액을 계산하는 것이고, 세분계산의 마감은 세분계산 지표별로 입·출고와 잔액을 수량, 금액으로 계산하는 것이다.

회계결산은 회계계산의 마지막 단계로 일정 기간의 경상계산자료를 기초로 하여 재정상태와 경제활동 현황 및 해당 결과를 구체적으로 확정하고 검토, 심의하는 작업이다. 회계결산은 결산준비, 결산서 작성, 심의 및 제출 과정을 거쳐 이루어진다. 결산단위는 기본적으로 회계단위와 일치해야 하며, 기간은 분기, 반년, 연간으로 한다.

회계 결산준비에서는 결산기간에 일어난 거래를 계상하고 채권·채무를 청산 및 확인하며 경상계산자료의 정확성을 검토하고, 재산실사를 통해 경상계산자료와 실물자료가 일치하는지 확인한다. 회계결산서는 계획수행과 재정상태를 반영하는 종합적인 회계문건으로 결산기본표와 결산부표로 이루어져 있으며, 재정계획자료와 검토, 확인된 회계 경상계산 및 업무계산 자료를 결산표의 해당 항목에 계상하는 방법으로 작성한다.

북한에서 회계결산서 심의는 해당 단위의 당 위원회에서 실시한다. 기관, 기업소, 단체에서 심의한 회계결산서는 회계검증기관에 제출되어 검증을 받은 다음 상급기관에 보고되는데, 상급기관에서는 하위기관, 기업소, 단체의 회계결산서를 심의하고 비준하며 기관, 기업소, 단체의 재정관리사업을 개선하기 위한 방안을 마련한다.

중앙집권적인 북한의 회계체계

북한의 회계체계는 경제에 대한 국가의 중앙집권적이며 통일적인 지도, 관리를 반영하고 있다. 국가재정이 필수적으로 회계와 연관되어 있기 때문에, 회계를 어떤 체계로 정립할지 결정하는 것은 중앙집권적·통일적 체계가 관건인 북한에서는 매우 중요하다.

이러한 회계체계는 경영회계로부터 지방회계, 부문회계, 금융회계를 거쳐 중앙회계로 집중되는 방식으로 이루어진다. 북한의 경영회계는 경영활동을 독자적으로 하는 기관, 기업소, 단체에서 이루어지는 회계를 말한다. 기관, 기업소, 단체는 우리의 자본에 해당하는 경제적 밑천을 가지고 생산·경영 활동을 하는 경제의 기본단위이며, 재정자원을 조성하고 이용하는 나라 살림살이의 기본단위이다. 따라서 경영회계는 회계체계의 기초라 할 수 있다. 종합회계는 경제를 종합적으로 지도·관리하는 지방재정기관, 금융기관, 중앙재정지도기관에서 수행하는 회계이며, 범위와 성격에 따라 지방회계, 부문회계, 금융회계와 이를 종합하는 중앙회계로 구성된다.

지방회계는 지방에서 이루어지는 자금의 흐름을 대상으로 하는 종합회계의 하위체계이고, 부문회계는 경제 부문별로 경영회계를 총괄하는 종합회계의 하위체계이다. 부문회계의 단위는 성, 중앙기관을 비롯한 부문별 경제 지도기관이며, 기업소 재정을 국가예산과 연결해 주는 기능과 경영회계를 종합하는 기능을 수행한다. 금융회계는 은행, 보험기관을 통해 이루어지는 자금의 흐름을 기록, 계산, 분석하는 회계체계이다. 중앙회계는 회계체계에서 지도적 위치를 차지하며, 모든 자금의 흐름을 체계적으로 계상함으로써 전 국가적인 자금계산 기능을 수행한다. 중앙회계를 담당하는 곳은 중앙재정기관인 재정성이다. 재정성은 국가기능 수행에 필요한 재정자원을 계획하고 분배 · 이용하는 경제활동을 직접 지휘하는 조직이다.

경영회계는 남한회계와 비교하면 기업회계와 유사하다. 중앙회계는 지방회계, 부문회계, 금융회계의 상위체계라고 할 수 있다. 특히 중앙회계, 지방회계, 부문회계는 중앙예산과 지방예산을 대상으로 하며, 경영회계와 종합회계를 연결하는 자금을 대상으로 한다(허금이, 2010). 따라서 중앙회계, 지방회계, 부문회계는 국가예산 및 자금을 통제하는 회계로 남한의 정부회계에 해당한다고 할 수 있다. 〈그림 1〉은 북한의 회계체계를 도식화한 것이다.

남한회계와의 차이점

회계는 한 체제 내의 경제 주체들의 활동을 통제하는 시스템으로 단순히 계산된 숫자라고만 할 수는 없다. 즉, 회계는 각국의 경제체제와 관련이 있을 수밖에 없다. 따라서 시장과 계약에 의한 사회적 통제를 기본으로 하는 자본주의 체제에서의 회계와 중앙집권식 계

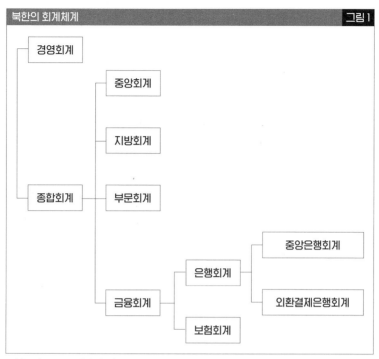

북한의 회계체계 | 그림1

경영회계

종합회계
- 중앙회계
- 지방회계
- 부문회계

금융회계
- 은행회계
  - 중앙은행회계
  - 외환결제은행회계
- 보험회계

* 출처: 정형록 등, 2017, "북한 회계학의 체계에 관한 연구"

획 및 국가 통제를 기본으로 하는 사회주의 체제에서의 회계는 큰 차이가 있을 수밖에 없다.

회계의 가장 큰 기능이 자본주의 체제에서는 '일반적으로 인정된 회계원칙GAAP'에 따라 기업의 이해관계자에게 의사결정에 필요한 정보를 제공하는 것이라면 사회주의 체제에서는 국가의 계획에 따라 모든 하부조직이 중앙의 명령에 복종하는지를 감시 및 통제하는 것이다.

경제거래를 기록 · 계산 · 확정하는 기본원리는 두 체제가 같지만, 회계의 체계, 구성, 방법 등은 두 체제의 특성상 차이가 있을 수밖에 없다. 여기에서는 이 부분에 대해 자세히 살펴보고자 한다.

첫째, 체제의 특성이 회계의 본질에 영향을 미친다. 북한회계의 본질은 일원화된 국가적인 화폐계산체계를 세움으로써 중앙집권적 · 통일적 관리운영을 목표로 한다는 데 있다. 즉, 국가의 법과 규정, 계획에 따라 화폐자금을 조성하고 분배, 이용하기 위해 중앙집권적 통일성이 가장 우선시된다고 할 수 있다. 따라서 북한회계는 「조선민주주의인민공화국 회계법」으로 정해져 있으며, 모든 조직은 이를 따라야 하고, 국가의 직접적 통제를 받는다. 북한회계는 조직의 자산을 보호하고 조직의 정해진 목적만을 위하여 운영되었는가를 확인하는 데 국한되어 있다. 이는 자산보호 기능과 수탁책임 기능을 중요시하던 초기 자본주의의 회계 기능과 유사하다. 중앙집권적 · 통일적 관리운영을 목표로 하는 북한회계는 객관성과 과학성이라는 특성하에 완전 표준화되었으며, 표준화된 회계는 통제를 가능하도록 하는 시스템으로 간주된다(허금이, 2010). 남한회계의 본질은 경제주체들의 경제활동이나 경제적 사건에 관한 정보를 식별 · 측정 · 요약 · 기록 · 보고하는 시스템으로 회계정보 이용자들에게 의사결정에 유용한 정보를 제공한다는 데 있다. 따라서 회계기준이 한국채택국제회계기준, 일반기업회계기준, 공익법인회계기준, 국가

회계기준 등으로 정립되어 있으며, 기업이나 조직의 형태(기업 규모)와 특성(영리기업, 비영리조직)에 따라 회계기준을 따르면 된다. 남한회계는 이해가능성, 목적적합성, 신뢰성, 비교가능성이라는 회계원칙을 기반으로 각 실체의 특성에 따라 회계처리 선택이 가능하도록 되어 있다.

둘째, 체제에 따라 회계체계에 차이가 있다. 남한회계는 기업회계, 정부회계, 금융회계 등 회계체계가 다양하며, 각 경제 실체가 회계의 책임자로서 개별적으로 운영하고 있다. 반면에 북한회계는 하나의 회계체계로 중앙정부를 중심으로 경영회계, 종합회계로 구성되어 있고, 종합회계에는 지방회계, 부문회계, 금융회계, 중앙회계가 포함된다. 북한회계체계는 경제활동에 동반되는 화폐자금 변동의 연관관계에 맞게 구성되는 국가적인 회계계산체계이며 규칙이다. 사회주의 체제에서 화폐자금은 기관, 기업소, 단체의 재생산과정을 거쳐 순환할 뿐만 아니라 국가예산과 은행을 비롯한 금융기관을 통해 끊임없이 순환한다. 이 과정에서 개별 회계단위들은 화폐자금 변동에 따라 회계계산을 하게 되며 그것이 하나로 연결되어 일정한 계산체계를 이룬다.

회계체계의 차이로, 남한회계는 재무회계적 측면과 관리회계적 측면을 모두 중요시하는 반면에 북한회계는 재무회계적 측면보다는 관리회계적 측면을 더 강조하는 것으로 나타났다(김병호, 2001). 자본주의 체제에서의 기업회계는 투자 의사결정에 관한 유용한 정보를 기업의 외부 이해관계자들에게 제공하는 재무회계적 측면과 기업 내부의 계획과 통제를 위한 관리회계적 측면을 모두 고려한다. 반면에 북한회계는 주목적이 각각의 하부조직 활동을 모아 상부조직에 보고하고, 상부조직은 이를 국가에 보고하는 것이며, 국가는 이를 토대로 하부조직을 통제한다. 국가계획에 따라 목표를 달성했는지를 통제하는 것이 주목적이므로 자금의 불확실한 이용, 횡령, 재정규율 위반 여부 등을 알 수 있는 관리회계적 측면을 더 중요시한다.

그 외에 회계 분야에서 남한과 북한의 큰 차이점은 세무회계라 할 수 있다. 남한의 회계 분야는 재무회계, 원가회계, 세무회계, 회계감사로 구성되어 있지만, 북한의 회계 분야는 회계계산(재무회계), 회계분석(원가회계), 회계검증(회계감사)으로 구성되어 있다. 세금이란 명칭 대신 거래수입금, 국가기업이익금, 사회협동단체이익금, 봉사료수입금, 기타 수입금 등이라는 용어를 쓰며, 이와 같은 국가납부금이 국가예산의 원천이다. 남한의 세무회계와 비교하면 거래수입금은 부가가치세, 국가기업이익금은 법인세, 사회협동단체이익금은 소득세와 유사하다. 세금제도는 폐지되었으나 회계결산 시 국가예산납부의무수행표를 작성하여 국가납부금을 계산하므로 이는 남한의 세무회계와 유사하다고 할 수 있다.

셋째, 북한은 자본시장이 존재하지 않는 계획경제사회로 남한회계와의 세부적 차이는 다음과 같다. 북한에서는 자본 대신 자금이라는 용어가 일반화되어 있다(「외국투자기업회계법」에는 '자본' 용어 사용). 남한회계에서의 자본이 잉여가치 생산을 목적으로 하는 자본주의 기업운영의 가치를 반영한 것이라면, 북한회계에서의 기업소 경영자금은 사회주의적 생산을 목적으로 하는 기업소의 경제적 밑천을 반영하는 것이라 할 수 있다(김옥선 등, 2007). 자본이 없는 북한회계에서도 주주가 납입한 자본과 타인의 자본을 조달하여 자산을 구입하고 운영과정에서 발생하는 거래를 계정과목으로 기록하는 남한회계의 복식부기 시스템과 유사하게, 경영자금을 재산과 자금원천의 두 가지 측면으로 구분하는 것은 자금의 조성과 이용이라는 상호관련성 속에서 경영자금의 상태와 변화를 전면적으로 통제하며 복식부기의 원리를 구현하고자 하는 것으로 판단된다.

소유주 지분에 대한 회계는 국고교부금에 대한 회계와 기업소로 유보된 이윤인 기업소기금이 주요 대상이며, 이익배분으로서의 개념만이 존재한다. 수익은 생산물의 판매대가와 벌금, 위약금, 연체료 수입 등의 항목으로 구성된다. 수익의 인식은 현금주의^{cash basis}로 이루어진다.

북한에서는 가격이 시장에서 결정되지 않는다. 따라서 시장가치에 따라 가격을 재평가하는 남한회계와는 달리 그 재산을 생산하는 데 지출된 사회적 노동에 의하여 재산가치가 결정되며, 재산가치가 노동의 지출을 반영할 수 없는 경우에는 고정재산을 재평가한다. 시장가치에 의해서는 고정재산의 재평가가 불가능하므로 고정재산의 재평가는 특정 연도에 전국적으로 실시한다. 2002년 7월 1일 경제관리개선조치 이전의 자산재평가는 1957년, 1960년, 1964년, 1973년, 1979년에 전국적으로 완전복구가격에 의해 진행되었다. 완전복구가격은 재취득원가^{replacement price}와 유사한 개념으로 고정재산을 재평가하는 시점에서 기존의 고정재산가격을 다시 규정한 가격이다. 7.1 경제관리개선조치 이후에는 완전시초가격에 따라 고정자산을 계산하는 것으로 나타났다. 완전시초가격이란 고정재산을 구입할 때 발생한 고정재산의 구입비, 운반비, 설치비, 시운전비 등을 포함한 가격으로 재평가 전까지는 그 가격을 일정 기간 동안 고정시킨다(김병호, 2001).

현행 「회계법」상 경영회계계산은 고정재산, 저장품, 노동보수, 비용지출과 원가, 생산물, 상품, 물자, 화폐재산, 채권채무, 자금수입과 지출, 경영수입과 지출 및 분배, 외화수입과 지출을 계산하고, 지방 및 부문 회계계산은 예산수지, 재정상태, 경영수지에 대하여 계산하도록 명기하고 있다. 다만, 2013년 이후 도입된 북한의 '우리식 경제관리 방법'에 따른 사회주의 기업책임관리제에 의하여 기업의 독립채산제 실시, 독자적 기업소경영권 보장, 생산품의 자율판매 및 자율가격결정 등 경영환경에 많은 변화가 일고 있다. 이와 같은 경영환경 변화가 회계 관련 규정에 제대로 반영되지 못하고 있으나, 지속적인 수정, 보완이 예상되는 만큼 그 변화 추세에 주목해야 한다.

넷째, 남한회계와 북한회계의 복식부기 차이는 다음과 같다. 남한회계는 거래가 발생할 경우, 해당 계정의 차변과 대변에 자산, 부채, 자본, 수익, 비용이 얼마만큼 영향을 받았는지를 기록한다. 반면에 북한회계는 거래가 발생할 경우, 자금이용과 자금조성 항목이 얼마만큼 영향을 받았는지를 해당 계시의 차방과 대방에 기입한다. 복식부기에서 가장 큰 차이점은 남한과 달리 북한에는 흑자분기와 적자분기가 존재한다는 것이다. 적자분기는 계시의 어느 면에 적자를 기입하는가에 따라 차방적자분기, 대방적자분기, 차·대방적자분기로 구분된다. 또한 가장 손쉽게 확인할 수 있는 것은 용어의 차이이다. 같은 언어를 쓰고 있지만 회계용어에는 분명 차이가 있다. 차방과 대방처럼 남한과 북한의 주요 회계용어를 비교한 것은 '부록: 남북한 회계용어 비교'를 참고하길 바란다.

다섯째, 남한과 북한의 회계감사의 차이는 다음과 같다. 남한의 회계감사는 신뢰성 있는 재무정보 제공을 목적으로 감사인의 독립성과 적격성을 중요 원칙으로 삼는 반면, 북한의 회계검증은 결산의 정확성과 합법성을 확인하는 것을 목적으로 하므로 객관성과 정확성의 원칙을 중요시한다. 북한에서 회계검증 의견은 이행감사의 특성을 반영하여 '사실과 맞지 않다', '부당하다', '의견상이'로 표현된다. 그러나 최근 「조선민주주의인민공화국 외국투자기업회계법」에서는 긍정의견, 조건적 긍정의견, 부정의견, 검증거절로 구분하고 있는데 이는 남한의 회계감사 의견과 유사하다.

구분		남한	북한
경제체제		자본주의 시장경제	사회주의 계획경제
정보이용자		정부, 기업, 다양한 이해관계자	국가, 당, 은행, 검열기관
최종의사결정자		다양한 의사결정자	국가
회계목적		다양한 이해관계자들의 합리적인 의사결정을 위해 고안된 정보생산체계	각 하부조직이 국가에 보고한 회계자료가 계획에 맞게 이행되었는지 성과평가, 자산보호, 수탁책임기능
중요회계원칙		이해가능성, 목적적합성, 신뢰성, 비교가능성	실리보장, 재정적 통제, 계획적 관리
회계책임자		기업의 경영자	중앙정부와 연결되어 있는 회계담당자로서 기업의 경영자와 다름
회계체계		다양한 회계체계 기업회계 정부회계 금융회계	단일통제시스템: 중앙정부 경영회계 종합회계: 중앙, 지방, 부문, 금융회계 금융회계: 중앙은행, 외환결제, 보험회계
회계 분야		재무회계, 원가회계, 세무회계, 회계감사	회계계산, 회계분석, 회계검증
세수구조		원칙: 세금 존재	원칙: 세금 없음
		법인세	국가기업이익금
		소득세	사회협동단체이익금
		부가가치세	거래수입금
회계기준		회계기준을 바탕으로 각 실체의 특성에 따라 회계처리 선택 가능	회계법을 바탕으로 국가적으로 통일된 단일 회계처리
회계 시스템의 구분		모든 기업에 적용되는 회계시스템 동일	북한 내 기업 및 기관 적용 회계시스템과 외국인투자기업 적용 회계시스템으로 이원화
회계 처리 방법	복식부기	적자분개 없음: 잘못된 분개 반대변에 표시	적자분기 존재: 잘못된 분기 각 변에 표시
	자산가치	취득원가 또는 공정가치 등	투입된 노동량
	회계부정	하향이익조정: 다음 연도로 이익이연, big bath 상향이익조정: 시장의 기대에 부응하거나 성과급을 높이기 위해	번 수입 하향조정: 국가납부금을 적게 내기 위해서 번 수입 상향조정: 중앙당국의 기대에 부응하거나 성과급을 높이기 위해
회계 감사	목적	재무제표의 신뢰성 제고	부기계산 결산의 정확성 검증
	규제기관	외부: 증권선물위원회 등 내부: 한국공인회계사회	외부: 중앙재정기관 내부: 없음
	주요 원칙	독립성, 적격성	객관성, 정확성

구분	남한	북한
감사의견	적정의견, 한정의견, 부적정의견, 의견거절	사실과 맞지 않다, 부당하다, 의견상이
		긍정의견, 조건적 긍정의견, 부정의견, 검증거절 (외국투자기업회계법)

* 출처: 권석균 등, 2013; 최연식 등, 2017

　　남한의 회계감사 주체는 공인회계사로 구성된 감사반, 회계법인이고, 북한의 회계검증 주체는 회계검증원과 회계검증사무소이다. 북한에서 회계검증은 '검증계획 → 검증집행 → 검증총화' 단계로 구성되는데, 이는 남한의 회계감사 과정 중 '감사계획 수립(회사 및 사업에 대한 이해, 목표감사위험 결정 포함) → 감사위험 평가 및 입증감사절차 수행 → 감사의견 형성 및 보고'의 절차와 유사하다. 남한 회계감사에서는 내부 통제제도 설계의 적정성 및 운용의 효과성에 따라 입증절차의 성격, 시기, 범위를 결정하는데, 이는 남한 회계감사만의 특성이라 할 수 있다.

- **정석우 교수**는 고려대학교 경영학과를 졸업하고 State University of New York at Buffalo 에서 회계학 박사학위를 취득하였다. 기획재정부 투자풀 운영위원회 위원, 정부투자기관 및 EBS 경영평가 위원, 증권선물위원회 비상임위원, 코스닥 시장 상장 적격성 심사위원회 위원 (장), 국세심사위원회 위원, 금융위원회 감리위원회 위원을 역임하였다. 현재 한국회계기준위 원회 비상임위원으로 활동하고 있다.
- **정형록 교수**는 서울대학교 농경제학과를 졸업하고 서울대학교 대학원 경영학과에서 박사학위 를 취득하였다. 기획재정부 공공기관 경영평가위원, 한국보건복지인력개발원 비상임감사, 한 국회계학회 상임이사 등을 역임하였다. 현재 국세청 자체평가위원, 한국경영학회 감사, 경희대 학교 회계·세무학과 학과장을 맡고 있다.
- **정기욱 공인회계사**는 서울대학교 경제학부를 졸업하였다. PwC Singapore Office에서 근무 하였으며 현재 삼일회계법인 남북투자지원센터의 북한 법률·회계·세무지원팀 위원을 맡고 있 다.

북한의 회계법

김이배_덕성여자대학교 회계학과 교수
정준양_한영회계법인 파트너, 남북경제협력지원센터장, 공인회계사

남한과 북한의 회계는 회계의 기본 원리원칙 등 본질적인 측면에서는 동일하지만, 서로 다른 경제체제하에서 서로 다른 목적을 추구하며 발전해 왔다. 남한의 회계가 자본주의 시장경제체제하에서 기업회계 중심으로 발전하고 있는 점에 비해, 북한의 회계는 사회주의 계획경제체제하에서 모든 경제활동을 국가 중심으로 계획하고 통제하는 방식의 재정운용 관리수단으로 발전되어 왔다. 즉, 북한회계는 기업회계 중심이 아니라 정부회계 중심이고 기업의 회계는 그중 하나의 부문으로 존재한다. 북한의 경제활동, 회계실무를 파악하려면 법적 타당성을 부여하고 있는 북한의 회계 관련 법령 및 제도를 이해해야 한다.

북한 '회계법률'의 특징

적용 대상에 따라 상이한 법제구조

북한의 회계와 관련하여 기본적인 법률은 2003년 제정된 「조선민주주의인민공화국 회계법」(이하 「회계법」)이며, 남한의 회계감사에 해당되는 회계검증에 관한 법률은 2008년에 제정된 「조선민주주의인민공화국 회계검증법」(이하 「회계검증법」)이다. 즉, 「회계법」과 「회계검증법」이 북한의 가장 기본적인 회계법률이다.

북한 「회계법」은 북한의 기관, 기업소, 단체를 적용대상으로 하고, 외국투자기업에는 이를 적용하지 않으며, 2006년에 「외국투자기업 회계법」을 제정하여 적용하고 있다(「회계법」 제9조). 또한 북한 「회계검증법」도 북한의 회계검증기관과 경영회계를 하는 기관, 기업소, 단체로 적용대상을 한정하고 있으며, 「회계법」 적용대상과 마찬가지로 외국투자기업의 회계검증은 해당 법규에 따르도록 하고 있다(「회계검증법」 제9조).

북한의 회계 관련 법제는 북한의 기관, 기업소, 단체에 적용되는 「회계법」과 외국투자기업에 적용되는 외국투자기업 회계 관련 법률로 구분되어 적용되고 있다. 외국투자기업 회계 관련 법률은 다시 지역에 관계없이 외국인 투자에 관하여 통상적으로 적용되는 법제인 「외국투자기업 회계법」과 「개성공업지구 회계규정」 등 특정 경제특구에 한하여 적용되는 법제로 세분된다. 즉, 북한의 회계법제를 두 가지로 분류하면 「회계법」과 넓은 의미의 외국투자기업 회계 관련 법률로 구분되고, 세 가지로 분류하면 「회계법」, 좁은 의미의 외국투자기업 회계 관련 법률, 「개성공업지구 회계규정」으로 대표되는 특정 경제특구 회계 관련 규정으로 구분된다.

북한의 회계법제를 정리하면 다음과 같다.

첫째, 북한의 「회계법」과 「회계검증법」이다. 「회계법」은 북한의 회계와 관련하여 가장 기본이 되는 법률로 북한의 기관, 기업소, 단체에 적용되는 법률이다. 「회계검증법」은 회계검증사업에서 제도와 질서를 엄격히 세워 기관, 기업소, 단체의 회계실태를 정확히 이해하고 재정규율을 확립하고자 제정한 법률이다.

둘째, 외국투자 관련 회계법제로는 「외국투자기업 회계법」이 존재하며, 이에 대한 검증을 위하여 2015년 10월 8일 제정된 「외국투자기업 회계검증법」을 두고 있다.

셋째, 특정 경제특구 회계 관련 규정이다. 북한은 라선경제무역지대, 신의주특별행정구, 금강산관광지구, 개성공업지구 등 경제특구를 개발하면서 각 경제특구의 성격에 따라 각각 관련 법률과 규정을 제정하여 적용하고 있다. 회계와 관련하여 가장 대표적인 규정은 현재 잠정 중단상태인 개성공업지구와 관련된 규정들이다. 회계 관련 규정의 근거가 되는 개성공업지구 기업창설운영규정, 회계 및 회계검증 규정인 「개성공업지구 회계규정」, 「개성공업지구 기업

북한과 남한의 회계법제 비교 　表 1

대상		북한			남한		
		회계 관련 법령 및 규정		회계감사 관련 법령 및 규정	회계 관련 법령 및 규정		회계감사 관련 법령 및 규정
국내 자체 기관	중앙재정기관	「회계법」	종합회계 — 중앙회계	「회계 검증법」	「국가회계법」	국가회계기준에 관한 규칙	「감사원법」
	정부부문		부문회계		「지방회계법」	지방자치단체 회계기준에 관한 규칙	
	지방재정기관		지방회계		「한국은행법」	한국은행 회계규정	
	중앙은행		중앙은행회계		기업회계기준 (IFRS)		
	중앙은행 외 은행기관		외환결제은행회계		「주식회사 등의 외부감사에 관한 법」, 「상법」	기업회계기준 (IFRS, 일반기업회계기준, 중소기업회계기준)	「주식회사 등의 외부감사에 관한 법」
	보험기관		보험회계				
	기업소, 단체 등 (독립채산제)		경영회계				
외국 기업	일반적인 외국투자기업	「외국투자기업회계법」		「외국투자기업회계검증법」			
	경제특구 입주기업	「개성공업지구 회계규정」 등		「개성공업지구회계검증규정」 등			

재정 규정」, 「개성공업지구 회계검증규정」이 여기에 해당된다.

　북한과 남한의 회계법제 구조를 적용 대상기관에 따라 비교·정리하면 〈표 1〉과 같다. 남북한회계법제의 가장 큰 차이점은 금융기관과 경영회계를 적용하는 기업소 등이 적용받는 회계법규의 성격이다. 북한은 민간부문이 존재하지 않는 경제체제이므로 금융기관과 경영회계를 적용하는 기업소도 공공부문과 함께 회계법 적용대상에 포함된다. 반면, 남한은 자본주의 시장경제체제이므로 금융기관과 기업은 민간부문으로 공공부문 회계와는 다른 별도의 회계법규가 적용된다. 따라서 북한의 회계법규는 내국인과 외국인 기준으로 구분하여 법규를 적용하고, 남한은 공공부문과 민간부문 기준으로 구분하여 법규를 적용한다.

재정관리 수단으로서의 회계법률

북한의 회계 및 회계법제의 특징은 사회주의 계획경제체제 채택에 따른 본질적인 특징과 더불어 북한의 경제적 상황에 따른 특징이 반영된 것이라고 할 수 있다. 이러한 점에서 자본주의 시장경제체제인 남한의 회계 및 회계법제와는 다른 점이 많다.

북한의 회계 및 회계법제의 특징을 살펴보면 다음과 같다.

첫째, 북한의 회계는 경제활동을 계획하고 통제하기 위한 재정관리 수단이다. 북한 「회계법」에서는 회계를 경제활동을 화폐적으로 반영하고 통제하며 타산하는 재정관리의 기본수단이라고 정의하고 있다(「회계법」 제2조). 북한은 사회주의 계획경제체제이므로 모든 경제활동을 국가 중앙에서 계획하고 통제해야 하므로 숫자를 기반으로 한 통제가 가장 유효하며, 이런 관점에서 회계가 재정관리 수단으로 중요한 위치를 차지하고 있다고 할 수 있다.

둘째, 북한의 기관, 기업소, 단체에 적용되는 회계법규와 외국투자 및 경제특구에 적용되는 회계법규로 이원화되어 있다. 이는 생산수단의 공유 여부에 따라 구분한 것으로, 생산수단을 국·공유화하고 있는 사회주의 계획경제체제의 북한의 「회계법」은 적용대상을 북한의 기관, 기업소, 단체로 한정하고, 그 외 외국투자 및 경제특구에 대해서는 별도의 회계법제를 제정하여 적용하고자 한 것이다.

셋째, 북한의 회계 및 회계법제는 재정 및 재정법제와의 관련성이 매우 높다. 궁극적으로 북한의 회계는 국가 경제활동의 통제활동을 통한 재정수입의 확대라는 목적을 이루기 위한 수단이다. 통일된 회계 처리 및 계산, 결산보고를 통해 각 회계주체의 재정을 검증·확인하는 과정에서 하부기관, 기업소, 단체로 하여금 재정을 실속 있게 사용하게 하여 최종적으로 재정수입을 늘리는 것이 목적인 것이다. 즉, 회계관리의 궁극적인 목적은 재정수입의 확대이다. 북한은 점점 심화되는 경제적 위기를 극복하고자 경제개혁과 동시에 효과를 극대화하기 위한 관리수단으로 「회계법」을 제정한 것으로 보인다. 이런 관점에서 북한의 회계 및 회계법제는 재정 및 재정법제와 연계하여 경제활동의 효율적이고 효과적인 계획 및 통제에 활용하고자 하는 것이다.

불가분의 관계, 북한 「회계법」과 「재정법」

북한 「회계법」(제2조)에 나와 있는 것처럼 북한의 회계는 경제활동을 기본적으로 계획 및 통제하는 재정관리의 기본수단으로 활용되고 있다. 또한 사회주의 계획경제체제를 채택하면서 모든 경제수단을 국가 중앙이 계획, 통제하고 있어 회계와 재정의 구분이 필요 없어졌으며, 구분이 되더라도 실익이 없다. 따라서 북한의 회계와 재정의 관계는 불가분의 관계이며, 이를 규율하고 있는 「회계법」과 「조선민주주의인민공화국 재정법」(이하 「재정법」)의 관계도 불가분의 관계를 이루고 있다. 이러한 이유로 북한의 「회계법」 규정 중에서는 재정과 관련된 규정이 많이 존재하고, 마찬가지로 북한의 「재정법」 규정 중에서도 회계와 관련된 규정이 많다.

〈그림 1〉은 손희두(2005)의 연구에서 제시한 모형으로 「재정법」상의 관련 규정은 「회계법」상의 규정과 서로 연결되어 상호 피드백되는 순환과정을 보이며, 이 그림에서 재정에 속하는 과정은 「재정법」과 「인민경제계획법」을 적용받고, 회계에 속하는 과정은 「회계법」과 「회계검증법」을 적용받는다. 손희두(2005)의 "북한의 회계법제에 관한 연구"에서 제시한 북한의 「재정법」과 「회계법」 간의 상관관계를 살펴보면 다음과 같다.

첫째, 제정목적상 두 법의 회계는 재정관리의 수단이라는 점이 명백하다. 북한의 「재정법」에 따르면 "기관, 기업소, 단체는 생산

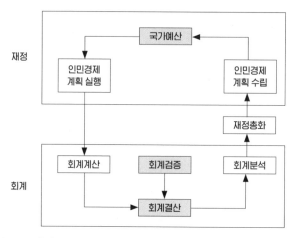

* 출처: 손희두, 2005, "북한의 회계법제에 관한 연구"

및 경영 활동의 과학화 수준과 노동생산능률을 높이고 원가를 낮추
어 사회순소득을 더 많이 창조하는 방법으로 국가예산수입금을 늘
여야 한다."(「재정법」 제14조)고 강조하고 있다.

둘째, 기관, 기업소, 단체의 회계를 독립채산제로 관리함으로써
재정수입을 확대하려는 노력을 기울이고 있다. 재정법에서는 기관,
기업소, 단체의 재정은 국가예산자금 지원 여부에 따라 독립채산제
또는 예산제로 관리 · 운영한다. 즉, 자체수입으로 생산과 경영활동
을 하는 기관, 기업소, 단체는 독립채산제로 관리 · 운영하며, 국가
예산에서 일정 정도의 경비예산을 지원받아 운영하는 기관, 기업

소, 단체는 반독립채산제로 관리·운영한다. 반면, 국가예산에서 경비예산을 전액 지원받아 운영하는 기관, 기업소, 단체의 재정은 예산제로 관리·운영하도록 하고 있다(「재정법」 제25조, 30조).

셋째, 기관, 기업소, 단체의 회계처리기준에 상당하는 내용 중 일부는 「재정법」에 규정되어 있다. 이는 국가예산과 기관·기업소·단체 자금의 관계를 설정하는 내용이므로 「재정법」에 규정한 것으로 보인다.

넷째, 기관, 기업소, 단체의 회계결산을 바탕으로 경영성과를 분석하여 토론하는 재정총화라는 과정을 두어 회계단위의 재정에 대한 성과 등을 검토하도록 하고 있다.

다섯째, 회계 및 재정에 대한 지도, 감독, 통제는 「재정법」과 「회계법」에서 중첩적으로 규율하고 있다. 물론 같은 기관에 의한 같은 방식의 통제 형태도 있으나 기관, 기업소, 단체의 경영활동에 대한 통제가 제도적으로 중첩되어 있는 것이 특징이며, 이 점은 그만큼 회계를 이용한 통제를 통해 재정수입의 확대라는 목표 달성이 절실함을 반증하는 것으로 보인다.

북한 「회계법」과 「회계검증법」

북한 「회계법」의 주요 내용

북한 「회계법」은 2003년 3월 5일 '최고인민회의 상임위원회 정령 제3628호'로 채택된 후 2003년 3월 26일 최고인민회의 제10기 제6차 회의에서 '법령 제14호'로 승인되었다. 이후 2008년 및 2015년 두 번에 걸쳐 수정, 보충되었다.

「회계법」은 총 5장 48개조로 구성되어 있으며, 각 장은 '회계법의 기본', '회계계산', '회계분석', '회계검증', '회계사업에 대한 지도통제'를 담고 있다.

1) 제1장 회계법의 기본

「회계법」 제1장에서는 회계법의 사명, 회계의 정의와 원칙, 회계의 분류, 회계연도와 회계화폐, 법의 적용대상 등에 관하여 다루고 있다. 북한 「회계법」 제1조에 "조선민주주의인민공화국 회계법은 회계계산과 분석, 검증에서 제도와 질서를 엄격히 세워 경제활동에서 재정적 실리를 보장하는 데 이바지한다."고 회계법의 사명을 천명하고 있다. 여기에서 재정적 실리를 추구한다는 것을 밝히고 있다는 점이 특징이라 할 수 있다. 이를 이어받아 「회계법」 제2조에서는 회계를 "경제활동을 화폐적으로 반영하고 통제하며 타산하는

「회계법」 내용		표 2
구분	세부 조문	주요 내용
제1장 회계법의 기본	제1조[회계법의 사명] 제2조[회계의 정의와 원칙] 제3조[회계의 분류] 제4조[회계사업에 대한 지도통제를 강화한 데 대한 원칙] 제5조[회계년도와 회계화폐] 제6조[회계업무를 정보화할데 대한 원칙] 제7조[회계연구사업, 전문가양성원칙] 제8조[회계 분야의 국제교류와 협조] 제9조[법의 적용대상]	-회계법의 사명, 적용대상, 원칙, 회계연도 등
제2장 회계계산	제10조[회계계산의 기본요구] 제11조[경영회계계산의 당사자와 계산내용] 제12조[지방회계계산의 당사자와 계산내용] 제13조[부문회계계산의 당사자와 계산내용] 제14조[금융회계계산의 당사자와 계산내용] 제15조[중앙회계계산의 당사자와 계산내용] 제16조[회계계산단계의 구분] 제17조[회계문건의 분류] 제18조[경상계산의 기초] 제19조[경상계산방법] 제20조[경상계산결과의 검토] 제21조[회계결산의 근거] 제22조[회계결산의 주기] 제23조[회계결산서의 제출기관] 제24조[회계결산서의 효력]	-회계 주체별 상이한 회계계산 방식(경영회계, 지방회계, 부문 회계, 금융회계, 중앙회계로 구 분)
제3장 회계분석	제25조[회계분석의 기본요구] 제26조[회계분석의 내용] 제27조[회계분석의 근거] 제28조[회계분석방법] 제29조[회계분석자료의 종합과 리용] 제30조[회계분석의 주기]	-효과성, 경영수지, 예산집행, 화 폐유통, 외화수지 등 회계분석 대상 규정 -분석대상별 분석주기
제4장 회계검증	제31조[회계검증의 중요성, 당사자] 제32조[회계검증대상] 제33조[회계검증장소] 제34조[회계검증신청] 제35조[회계검증기간의 준수, 검증방법] 제36조[회계검증결과의 확인과 별견된 결함 의 처리] 제37조[회계검증의 의무화] 제38조[국가수수료]	-회계검증 대상과 검증기관을 정 의 -회계검증절차에 대해 규정 -회계검증 비용 및 부담주체 결정 관련 사항

구분	세부 조문	주요 내용
제5장 회계사업에 대한 지도통제	제39조(회계사업에 대한 지도기관) 제40조(지방재정기관과 해당 기관의 의무) 제41조(회계문건의 보관) 제42조(회계일군의 자격과 자질향상) 제43조(회계사업의 조건보장) 제44조(회계사업의 인계인수) 제45조(감독통제기관) 제46조(사업정지, 벌금부과, 손해보상) 제47조(자격급수강급, 박탈) 제48조(행정적 또는 형사적책임)	-회계사업 지도통제 체계 -회계사업 감독통제 관련 사항 -회계 오류로 인한 경제적 손실에 대한 회계책임 규정

재정관리의 기본수단"으로 정의하고 있으며, "국가는 회계에서 통일성과 객관성, 정확성, 시기성을 보장"하도록 규정하고 있다. 이두 조문을 통해 회계가 사회주의 계획경제체제하의 재정관리 수단으로 재정적 실리를 추구하기 위한 메커니즘으로 자리 잡고 있음을 알 수 있다.

북한회계는 크게 경영회계와 종합회계로 나뉘는데, 경영회계는 경영활동에 대한 회계가, 종합회계에는 지방회계, 부문회계, 금융회계, 중앙회계가 속한다(「회계법」 제3조, 회계의 분류). 「회계법」 제4조는 "회계사업에 대한 지도통제를 강화하는 것은 국가적인 돈계산체계를 세우기 위한 기본담보"이며, "국가는 회계사업에 대한 지도체계를 바로 세우고 통제를 강화"할 것을 요구하는 회계사업에 대한 지도통제 강화원칙을 규정하고 있다.

북한의 회계연도는 1월 1일부터 12월 31일까지이고, 회계대상의 화폐는 '조선원'으로 특정하고 있다(「회계법」 제5조). 남한과는 달리 회계연도를 1월 1일부터 12월 31일까지로 규정한 것은 경제활동과 재정활동을 국가 전체적으로 계획 및 통제하려는 취지를 반영하여 정부의 예산연도와 통일시키기 위함이라고 할 수 있다.

「회계법」 제8조에서는 회계 분야의 국제교류와 협조를 규정하고 있는데, "국가는 회계 분야에서 국제기구, 다른 나라들과의 교류와 협조를 발전시킨다."라고 되어 있다.

「회계법」 제9조에서는 회계법의 적용대상을 명확히 하고 있다. "이 법은 회계를 하는 공화국의 기관, 기업소, 단체에 적용한다. 외국인투자기업에는 이 법을 적용하지 않는다."고 규정하고 있다. 이를 해석해 보면 북한의 「회계법」은 외국인투자기업을 제외한 북한에서 경제활동을 영위하는 정부를 포함한 북한의 모든 기관, 기업소, 단체에 적용한다는 것이다. 또한 외국인투자기업이나 경제특구 기업에 대해서는 회계 관련 법률과 규정을 별도로 제정하여 적용하겠다는 것이다.

2) 제2장 회계계산

「회계법」 제2장에서는 회계계산의 기본요구, 회계계산의 당사자와 내용, 회계계산단계의 구분, 경상계산과 회계결산 등 회계계산에 관하여 규정하고 있다.

「회계법」 제10조에서는 회계계산의 기본요구 사항으로 "회계계산은 자금의 변동을 일상적으로 기록 계산하고 그 결과를 확정하는 중요한 사업"이라고 정의하고, "기관, 기업소, 단체는 계산단계에 따르는 회계를 정확히 하여야 한다."라고 요구하고 있다. 그리고 제11조부터 제15조까지에는 경영회계계산(제11조), 지방회계계산(제12조), 부문회계계산(제13조), 금융회계계산(제14조), 중앙회계계산(제15조)의 당사자와 계산내용에 대하여 규정하고 있다. 북한의 회계계산은 크게 경상계산과 결산으로 나누어지는데, 경상계산은 경제거래가 생길 때마다, 결산은 주기에 따라 실시한다(제16조). 회계문건에는 회계서류와 회계장부, 회계결산서가 속하며, 회계문건의 종류와 형식을 정하는 사업은 중앙재정지도기관이 한다(제17조).

경상계산은 시초서류 또는 아랫단위의 회계보고 문건에 기초해야 하며, 법적으로 담보되지 않거나 경제거래내용과 맞지 않는 시초서류, 회계보고 문건은 경상계산의 기초자료로 쓸 수 없다(제18조). 또한 「회계법」 제19조에서는 "경상계산은 복식기입방법으로 한다."라고 규정하고 있다.

「회계법」 제21조에서는 회계결산의 근거를 규정하며, "회계결산은 경상계산자료에 기초하여 한다. 기관, 기업소, 단체는 회계결산에 앞서 빠진 거래를 등록하고 미결거래를 청산하며 재산실사를 하여야 한다."라고 요구하고 있다. 북한의 회계결산 주기는 분기, 반년, 연간으로 하며, 기관, 기업소, 단체는 회계결산서를 작성하여야 한다. 작성한 경영회계결산서는 회계검증을 받아야 한다(제22조).

또한 제23조에서는 각 회계결산서의 제출기관에 대하여 규정하고 있으며, 회계결산서는 해당 상급기관의 비준을 받아야 하며, 비준을 받지 않은 회계결산서는 효력을 가지지 못한다(제24조).

3) 제3장 회계분석

「회계법」 제3장에서는 회계분석의 기본요구, 내용, 근거, 회계분석방법, 주기 등 회계분석에 관하여 규정하고 있다. 「회계법」 제25조에서는 회계분석의 의무화를 요구하고 있는데, "회계분석을 바로 하는 것은 경제실태를 파악하고 재정적 타산을 정확히 하기 위한 기본조건이다. 기관, 기업소, 단체는 회계분석을 의무적으로 하여야 한다."고 규정하고 있다.

북한 「회계법」상 회계분석은 "자금보장과 이용의 효과성, 경영수지, 예산집행정형, 화폐유통, 외화수지, 국제수지 같은 것"을 대상으로 분석해야 하며(제26조), 회계분석은 회계결산서에 기초해야 한다(제27조). 회계분석방법으로 "대비분석, 분류분석, 연관분석의 방법"을 제시하고 있으며, "기관, 기업소, 단체는 분석목적에 맞게 그 수법을 옳게 적용하여야 한다."(제28조)고 규정하고 있다. 북한의 기관, 기업소, 단체는 "회계분석이 끝나면 분석자료를 종합"해야 하며, 이를 통한 "분석자료는 인민경제계획 실행을 위한 재정적 타산과 생산 및 재정총화자료"로 이용해야 한다(제29조). 북한 「회계법」상 회계분석 주기는 "순, 월, 분기, 반년, 년간으로 한다."(제30조)고 규정하고 있다.

4) 제4장 회계검증

「회계법」 제4장에서는 회계검증의 중요성, 당사자, 검증대상, 검증장소, 검증방법 등 회계검증에 관하여 규정하고 있다. 「회계법」에서는 회계검증과 관련하여 큰 틀에서 대략적으로 규정하고 있으며, 회계검증에 대한 세부절차는 2008년 「회계검증법」을 추가적으로 제정하여 공포하였고, 2015년에 수정, 보충하였다.

5) 제5장 회계사업에 대한 지도통제

「회계법」 제5장에서는 회계사업에 대한 지도기관, 회계문건의 보관, 회계일군의 자격과 자질향상, 회계사업의 조건보장, 회계사업의 인계인수, 감독통제기관 등 회계사업에 대한 지도통제에 관하여 규정하고 있다.

북한 「회계법」상 회계사업에 대한 지도는 "내각의 지도 밑에 중앙재정지도기관이 하며, 중앙재정지도기관은 회계사업을 통일적으로 장악하고 지도하여야 한다."(제39조)고 규정하고 있다. 지방재정기관과 해당 기관의 의무로 "지방재정기관과 해당 기관은 기관, 기업소, 단체의 회계계산, 분석, 검증정형을 정상적으로 료해하고 바로하도록 하여야 한다."(제40조)고 규정하고 있다.

「회계법」 제41조에서는 기관, 기업소, 단체는 회계문건을 편찬하여 정해진 기간까지 보존해야 하며, 회계문건은 화재, 자연재해 같은 피해를 받지 않을 문서고나 서류함에 보관해야 한다고 규정하여 관련 문서를 보관할 것을 요구하고 있다. 그리고 회계 담당자에 대한 자격제한을 두었는데, 제42조에서 "회계사업은 해당한 자격을 가진 자만이 한다. 기관, 기업소, 단체는 회계일군을 꾸리고 그들의 자질을 높여 주기 위한 사업을 계획적으로 하여야 한다."고 규정하고 있고, 제43조에서 "기관, 기업소, 단체는 회계사업조건을 보장하여 주어야 한다. 회계일군은 회계사업에 필요한 자료를 요구하거나 회계와 관련한 문제를 토의하는 모임에 참가할 수 있다."고 규정하여 회계사업의 질적 향상을 위한 장치를 마련한 것으로 보인다.

북한의 회계사업에 대한 감독통제는 중앙재정지도기관과 해당 감독통제기관이 하며, 중앙재정지도기관과 해당 감독통제기관은 기관, 기업소, 단체의 회계사업정형을 엄격히 감독통제해야 한다(제45조).

북한 「회계법」에서는 회계와 관련되어 잘못을 범한 경우 각종 벌칙 조항을 두고 있다. 회계를 잘못하여 경제적 손실을 입혔을 경우에는 사업을 정지시키고 벌금을 물리거나 해당한 손해를 보상해야 하며(제46조), 회계문건을 제때 작성하지 않았거나 회계검증을 정확히 하지 못하여 경제관리에 지장을 주었을 경우에는 회계일군의 자격급수를 낮추거나 박탈한다(제47조). 또한 회계사업에 간섭하거나 회계문건을 위조하였거나 보존기간이 끝나기 전에 없애 버리는 것 같은 행위를 하여 엄중한 결과를 일으킨 기관, 기업소, 단체의 책임 있는 일군과 개별적 공민에게는 정상에 따라 행정적 또는 형사적

책임을 지운다(제48조).

북한 「회계검증법」의 내용

북한은 2008년 3월 19일 '최고인민회의 상임위원회 정령 제2639호'로 「회계검증법」을 채택, 공포하였으며, 이후 2015년 7월 22일 '최고인민회의 상임위원회 정령 제577호'로 수정, 보충하였다. 북한 「회계법」 제4장 회계검증에서 회계검증대상, 방법, 의무 등을 규정하고 있는데, 이를 구체화하여 법령으로 채택한 것이 「회계검증법」이다. 회계검증에 대한 전체적인 틀을 「회계법」에서 규정화했다면, 이에 대한 구체적인 방법 및 절차는 「회계검증법」에서 규정하고 있으며, 「회계법」 제4장과 「회계검증법」상에서 중복되는 일부 조문을 볼 수 있다.

북한 「회계검증법」은 총 4장 43개조로 구성되어 있으며, 각 장은 회계검증법의 기본, 회계검증의 대상과 관할, 회계검증의 절차와 방법, 회계검증사업에 대한 지도통제를 담고 있다.

「회계검증법」 제1장에서는 회계검증법의 사명, 회계검증의 정의 및 체계 확립, 회계검증의 분류, 회계검증기관, 회계검증원 자격, 원칙, 적용대상 등 회계검증법의 기본에 관하여 다루고 있으며, 제2장에서는 회계검증의 대상, 중앙회계검증지도기관 및 각 회계검증기관의 관할 등 회계검증의 대상과 관할에 대해 다루고 있다. 제3장에서는 회계검증질서의 준수, 회계검증 장소, 신청, 결산검증 등 각종 검증 방법 및 절차 등 회계검증의 절차와 방법에 관해 규정하고 있으며, 제4장에서는 회계검증사업에 대한 지도통제의 강화, 회계검증사업에 대한 지도기관, 회계검증사업에 대한 감독통제 등 회계검증사업에 대한 지도통제에 관하여 규정하고 있다.

남북회계법제의 유사성과 차이점

회계는 경제활동을 약속된 바에 따라 기록하는 언어라고 할 수 있다. 이런 의미에서 기업의 경영활동을 기록하는 기업회계를 '기업의 언어(language of business)'라고 한다. 회계의 범위를 기업을 초월하여 넓게 보면 "어떤 조직이나 기관의 경제, 경영활동을 화폐단위로 기록, 보고하는 시스템"이라고 할 수 있다.

북한회계를 보면 회계를 기업의 관점에서뿐 아니라 정부나 기관의 범위까지 확대하여 넓은 의미로 바라보아야 함을 알게 된다. 또한 회계의 본질은 같지만 자본주의 시장경제체제하의 회계와 사회주의 계획경제체제하의 회계는 그 추구하는 바가 다를 수밖에 없음도 알게 된다. 이러한 관점에서 사회주의 계획경제체제하의 북한회계는 자본주의 시장경제체제하의 남한회계와는 본질은 같지만, 추구하는 회계의 목적이 다르고 서로 다른 회계의 길을 걷고 있다고 볼 수 있다.

　회계는 전 세계적으로 동서고금을 막론하고 기본적인 원리는 동일하다. 특히 복식부기의 원리는 자기검증 기능과 원인 및 결과를 동시에 보여 주는 어떤 발명보다도 획기적인 메커니즘이라 할 수 있다. 북한의 회계도 이런 복식부기 원리를 적용하여 사회주의 계획경제체제의 수호를 위하여 북한 내의 경제활동과 재정활동을 계획하고 통제하는 데 활용되고 있다. 이런 면에서 북한의 회계는 사회주의 계획경제체제의 실현에 가장 중요하고 기본적인 역할을 수행하고 있다고 할 수 있다. 이러한 북한회계의 역할을 뒷받침해 주고 있고 근거를 제공하는 회계 관련 법제는 기본적으로 「회계법」과 「회계검증법」이라고 할 수 있다.

　북한의 회계법제를 살펴보려면 먼저 남한의 회계 관련 법제를 알아봐야 한다. 어떤 대상을 파악할 때 가장 좋은 방법 중 하나는 비교식으로 접근하여 파악하는 것이다. 남한의 회계는 당연히 자본주의 시장경제체제이기 때문에 기업회계를 중심으로 발달했고, 회계라고 할 때에도 대부분 기업회계를 대상으로 삼는다. 남한의 기업회계 관련 법률은 1980년에 제정된 「주식회사의 외부감사에 관한 법률」(2018년부터는 「주식회사 등의 외부감사에 관한 법률」)이며, 중앙정부의 회계를 규율하는 법률은 2007년에 제정되어 2009년부터 시행된 「국가회계법」, 지방자치단체의 회계에 관한 법률은 2016년에 제정된 「지방회계법」(그전에는 「지방재정법」에서 규율), 그리고 그 외

조직 및 기관의 회계에 관련된 법률은 회계법이라고는 하지 않지만 각각의 근거를 제공하는 회계와 관련된 법률이 많다. 즉, 남한회계는 크게 보면 기업회계법, 정부회계법, 그 외 회계 관련 법률로 구분되어 적용되고 있다.

이에 비하여 북한의 회계 관련 법률은 2003년에 제정된 「회계법」에서 기관, 기업소, 단체의 회계를 전체적으로 규율하고 있다. 즉, 북한회계는 정부회계와 기업회계를 하나의 법률인 「회계법」에서 규정하고 있는 특징이 있으며, 그 외 외국투자 및 경제특구에 대해서는 별도의 회계법제를 제정하여 적용하고 있다.

최근 북한은 북한 국내의 경제만으로는 경제적 어려움을 극복할 수 없음을 인식하고 몇몇의 경제특구 및 경제개발구를 지정하여 투자유치에 적극 나서고 있는데, 그중 하나가 남한과의 경제협력 관계로 이루어진 개성공업지구의 선정과 운용이다. 이러한 특구는 북한 내의 경제활동이 아니라 외국과의 경제교류를 전제로 한다. 경제활동의 기록인 회계는 이런 의미에서 북한회계만 독자적으로 적용할 수 없게 되었다. 이를 반영하여 외국투자 및 경제특구의 회계법제를 제정하여 시행하고 있으며, 대표적인 것이 '개성공업지구의 회계규정'이다. 이러한 외국투자 및 경제특구의 회계규정은 북한 「회계법」보다는 외국의 회계규정 내용을 도입하여 적용하려 하고 있다. 이런 점이 남한 회계법제와의 차이점이라 할 수 있다. 즉, 남한회계에서는 국내기업과 외국기업을 차별적으로 적용하지 않고 있다.

남한의 회계법제는 정부회계와 기업회계를 명확하게 구분하여 제정, 시행되고 있으나 북한의 회계법제는 정부회계와 기업회계를 구분하지 않고 하나의 법으로 규율하고 있다.

남한회계는 기업회계 중심으로 발전하고 정부회계가 기업의 장점을 채택하는 방식으로 발전되어 왔다. 그에 비해 사회주의 계획경제체제인 북한은 모든 경제활동을 국가 중앙에서 계획하고 통제하는 방식의 재정운용을 하고 있으므로 북한회계도 국가 중앙을 중심으로 전개되어 왔다. 요약하면 북한회계는 기업회계 중심이 아니라 정부회계 중심이고 기업의 회계는 그중 하나의 부문으로 존재한다는 것이다.

정부회계와 관련해서는 남한은 예산회계와 재무회계로 구분이되어 있고 회계처리도 예산집행 내역을 시스템(국가는 dBrain, 지방은 e-hojo 시스템)상에서 자동분개 및 추가적인 회계처리를 통하여 재무회계로 전환되는 방식을 채택하고 있는 데 반하여, 북한은 예산회계와 재무회계를 구분하지 않고 통합하여 회계처리하고 있다. 또한 남한의 정부회계는 재무회계만을 대상으로 하고 있으며 재정에 관한 사항은 국가는 「국가재정법」, 지방자치단체는 「지방재정법」에 의하여 규율하고 있다. 물론 「국가회계법」과 「지방회계법」의 경우 재정에 관한 사항은 「국가재정법」, 「지방재정법」의 규정을 준수해야 한다. 북한의 회계도 재정에 관한 사항은 북한 「재정법」의 규정을 준수해야 한다는 점에서 같은 맥락이나 사회주의 계획경제체제인 북한의 경우는 모든 경제활동을 국가 중앙에서 계획, 통제하므로 북한의 회계 및 회계법과 북한의 재정 및 재정법의 관계의 정도와 범위는 남한의 경우보다 훨씬 더 강력하고 넓다고 할 수 있다.

남한의 회계 관련 법률은 기업회계의 경우 「주식회사 등의 외부감사에 관한 법률」로 회계와 회계감사를 아우르는 구조로 되어 있는 반면에, 북한은 회계에 관한 기본 법률인 「회계법」과 남한의 회계감사에 해당되는 회계검증에 관한 법률인 「회계검증법」이 제정되어 시행되고 있다. 남한의 경우 이러한 법률구조는 「국가회계법」과 「지방회계법」의 경우에 적용되고 있다. 내용은 차치하고 법률구조적 측면에서 회계와 회계검증에 관한 법률이 별도로 제정, 적용되고 있다는 것은 그 나름의 의미가 있다고 할 수 있다.

북한회계 실무를 이해하려면 법적 타당성을 부여하는 북한 「회계법」 및 「회계검증법」을 이해해야 한다. 남한도 그렇지만 북한도 회계 관련 법령체계하에 기관, 기업소, 단체 등의 회계규정이 만들어져 있고, 이를 근거로 회계처리 등이 이루어지고 있다. 북한 「회계법」과 「회계검증법」을 분석해 보면 기본적으로 북한의 회계 관련 법률도 기본적인 프레임이나 구조적인 면에서 남한의 회계나 다른 나라의 회계체계와 맥을 같이 한다고 할 수 있다. 이는 자본주의 체제든 사회주의 체제든 회계가 경제활동을 기록하는 시스템이라는 점, 북한도 남북분단 이전에는 동일한 경제공동체였다는 점 때문에 당연한 결과라고 할 수 있다.

또 다른 측면에서는 사회주의 계획경제체제인 북한이 계획 및 통제의 수단으로 회계를 남한보다도 더 중요하게 활용하고 있다는 점에 주목해야 한다. 북한에서 회계는 재정운용의 통제수단이다. 모든 경제활동을 계획하고 통제하며 이에 대한 수단으로 회계를 활용하고 있다. '숫자'를 기반으로 강력한 통제를 하고 있는 것이다. 이런 점에서 회계의 중요성이 어느 나라 못지않게 중요하게 인식되고 있다.

- **김이배 교수**는 서울대학교 경영학과를 졸업하고 동 대학원 경영학과에서 경영학 석사, 숭실대학교 대학원에서 경영학 박사(회계학 전공)를 취득하였다. 현재 덕성여자대학교 회계학과 교수이다.
- **정준양 파트너**는 중앙대학교 회계학과를 졸업하고 1999년부터 공인회계사 업무를 시작하였다. 2005년 EY한영회계법인에 합류하여 외부감사 및 국내외 Infrastructure Advisory Service를 제공하고 있으며, 현재 EY한영회계법인 Assurance 복합팀 리더와 남북경제협력지원센터장을 맡고 있다.

북한의 회계감사와 회계사

전용욱_삼일회계법인 파트너, 공인회계사

자본주의체제하에서의 외부감사인에 의한 회계감사와 동일하지 않으나 북한에서도 이와 유사한 회계검증이 국가의 통제를 보장하는 수단으로 활용되고 있으며 일정 자격요건을 만족하는 회계검증원이 이를 수행하고 있다. 북한에서는 일반적인 기관, 기업소, 단체에 적용하는 회계검증법과 외국투자기업을 대상으로 하는 외국투자기업 회계검증법이 구분되어 운영되고 있다.

북한의 회계감사 및 회계사 관련 제도는 국제적인 회계감사의 제도 및 실무적 Practice에 비교하여 아직은 여러 가지로 부족한 점이 많으며, 따라서 향후 남북회계협력이 본격화되는 시점에서는 민간차원에서의 남북회계협력이 가속화될 필요성이 있다.

북한의 회계감사 '회계검증'

전 세계에서 국가통제가 가장 심한 나라 중 하나로 알려져 있는 북한은 무엇을 얼마만큼 어떻게 누구를 위해서 생산하고 분배할 것인가 하는 경제의 기본문제를 중앙정부의 계획에 따라 결정하고 집행한다. 대외경제정책연구원의 《북한경제백서》(2002)에 따르면 북한 경제체제의 기본유형을 '중앙계획형 사회주의 명령체계^{Centrally Planned} Socialist Command System'로 규정하고 있는데, 정부는 자원 제공자로서 기업 경영활동에 대한 통제를 목적으로 기업 경영활동의 보고 및 국가재정관리의 개선을 위해 회계감사제도를 운영하고 있다. 북한은 남한의 외부 감사와 유사한 활동을 '회계검증'이라는 용어로 사용하고 있는데, 북한 고유의 특성 및 한계점이 있으므로 북한 용어를 그대로 사용하고자 한다.

회계검증과 재정검열을 통한 기업감사

북한에서의 기업에 대한 감사기능은 크게 재정검열과 회계검증으로 분류할 수 있다.

기업의 재정회계사업에 대한 화폐적 통제활동으로서의 회계검증은 앞서 언급한 바와 같이 회계감사와 유사하다. 〈김일성종합대학학보〉(2017)에 기고된 '회계검증사업을 강화하는 것은 기업체들이 재정회계계산을 실속 있게 하기 위한 담보'에 의하면 회계검증은 기업체들의 경영활동과정과 결과를 화폐적으로 반영하는 회계결산서를 비롯한 회계문건에 반영된 숫자가 기업체의 경제실태를 객관적으로 반영하고 있는가를 전문적인 회계검증원에 의하여 검토·확인하는 과정을 통해 기업체들이 회계문건에 반영된 숫자의 정확성을 담보하도록 통제하는 과정이라고 설명하고 있다.

앞에서 설명한 것처럼 북한은 정부가 모든 경제주체를 통제하고 있으므로 개별적 경제활동을 수행하는 기업 또한 국가재정의 하위 구성요소로 보아「재정법」(1995.8.30. 제정, 2015.4.8. 최종 수정)에 의한 재정검열 대상에 포함하여 운영하고 있다(「재정법」 제52조). 재정검열은 기업에 대하여 재정통제의 일환으로 수행되고 있는 업무감사로, 검열 주체인 재정기관과 해당 재정 통제기관이 재정검열원을 지정하여 재정관리규범의 준수현황을 감독하고 통제하는 것이다. 검열결과, 오류가 발견된 경우에는 사업중지 명령을 내리거나 책임자에게 직접적인 행정적 또는 법적 제재를 직접 가하는 형식으로 진행하게 된다.

한편 북한의「합영법」(1984.9.8. 제정, 2014.10.8. 최종 수정) 제19조에서는 합영기업은 해당 기업의 관리자가 아닌 자를 재정검열원으로 두고 이사회의 결정에 따라 재정상태를 정상적으로 검열하게 하고 있어 남한의 주식회사 내부감사와 유사한 업무를 수행한다고 할 수 있다. 이것은 정부 하위조직인 일반기업을 상대로 하는 내부감사에 대해서는 별도의 규정 없이 「재정법」 체계하에서 재정검열의 형태로 진행되고, 외국투자자가 포함되어 설립된 합영기업에 대해서는 기업 내부적으로 내부감사 기능을 수행하는 재정검열원의 운영을 요구하는 것으로 이해된다.

기관, 기업소, 단체에 대한 국가통제 역할

민간이 주도하여 자발적으로 이루어지는 남한의 회계감사와 달리 북한의 회계검증은 국가의 법 규범과 규정에 기초하여 국가기관이 조직하고 진행하는 국가통제의 한 형태로 이루어진다는 점에서 다음과 같은 사회주의 계획경제체제의 특징이 반영된 것이라고 할 수 있다.

첫째, 회계검증은 국가의 하위 구성요소인 기관, 기업소, 단체의 경영활동에 대한 국가의 통제적 기능수행을 보장하는 중요 수단으로 운영된다. 둘째, 회계검증은 국가 회계검증기관에서 수행한다. 경영회계 결과를 국가기관이 직접 검토한다는 점에서 기관, 기업소, 단체가 자체적으로 진행하는 결산서 심의와 구별되고, 독립적인 제3자 민간기구인 회계법인이 수행하는 자본주의 체제하에서의 회계감사와도 차이가 있다.

노동당의 노선과 재정정책 확인

〈김일성종합대학학보〉(2015)에 기고된 '회계검증에서 나서는 기본 요구'에 수록된 내용과 각종 규정을 참고로 하여 북한회계검증의 특징을 요약하면 다음과 같다.

첫째, 북한의 회계검증은 당의 재정정책과 회계규범에 따라 수행되어야 한다. 자본주의 국가에서 독립된 회계감사인이 재무제표감사를 수행하는 경우에는 회계감사기준에 따라 관련 절차를 준수할 것을 요구하고 있는 반면에 북한에서는 회계규범뿐 아니라 노동당의 노선과 재정정책이 회계검증을 수행하는 데 근간이 된다. 이는 북한회계검증의 고유한 특징이라 할 수 있다.

둘째, 기관, 기업소, 단체의 회계계산제도와 질서의 확립을 목적으로 회계검증이 이루어져야 한다. 기관, 기업소, 단체가 작성한 회계결산서와 회계문건이 사실과 다를 경우 국가 전체의 재정상태, 경영수지, 예산수지 등에 관한 정보의 신뢰성이 상실되어 국가 차원에서의 재정적 실리를 보장할 수 없게 된다. 따라서 이러한 회계검증의 과정을 통하여 회계계산 결과에 대한 감독·통제 기능을 수행하여 정확성과 합법성을 담보하고 국가 차원에서의 회계체계를 수립하는 기반을 마련해 준다.

셋째, 모든 기업, 기업소, 단체는 회계검증주기에 따라 의무적으로 회계검증을 받아야 한다. 남한은 「주식회사 등의 외부감사에 관한 법률」에 따라 일정 규모 이상의 회사에 대해서는 의무적으로 회계감사를 받도록 하고 있으며, 이에 미달하는 기업은 자율적으로 회계감사를 받도록 규정하고 있다. 그러나 북한은 규모와 무관하게 모든 기관, 기업소, 단체에 회계검증을 의무화하고 있는데, 이는 회계검증이 해당 기관, 기업소, 단체만의 검증이 아니라 국가 차원에서의 총체적인 회계계산제도에 대한 감독·통제 기능이기 때문이라고 이해된다. 한편 모든 기관, 기업소, 단체는 분기, 반기, 연간을 주기로 검증받을 것을 요구받고 있으며, 경영활동상 필요한 경우에는 위의 주기 외 기간에도 회계검증을 신청할 수 있다.

넷째, 회계검증원은 회계검증 과정에서 알게 된 국가비밀을 엄격하게 준수해야 한다. 회계검증을 수행하는 회계검증원들이 업무수행 과정에서 인지한 국가경제의 실제 상황이나 관련된 비밀이 외부로 유출되지 않도록 「회계검증법」을 비롯한 각종 규정에서 강조하고 있다.

북한의 '회계검증' 근거 법령 및 규정 현황

2017년 10월 통일부에서 발간된 북한법률집 및 기타 관련 자료를 토대로 하여 현재 북한 내 회계검증과 관련된 법령 및 규정을 요약하면 〈표 1〉과 같다. 이와 같이 북한 내의 회계검증과 관련된 규정은 검증대상별로 서로 구분된다. 실제 「회계법」 제9조에서는 북한

적용 지역	회계검증 대상	법 규	제·개정일자
전국 단위	모든 기관 및 기업소	「회계검증법」	2008.3.19. 제정 (2015.7.22. 개정)
		「회계법」	2003.3.5. 제정 (2015.4.8. 개정)
	외국투자기업	「외국투자기업회계 검증법」	2015.10.8. 제정
		「외국투자기업회계법」	2015.10.25. 제정 (2011.12.21. 개정)
특정 지역	라선경제무역지대 소재 외국투자기업	「라선경제무역지대 외국투자기업회계 검증규정」	2015.6.10. 제정
	개성공업지구 소재 등록 기업 또는 요건* 충족 지 사, 영업소 및 개인업자	「개성공업지구 회계검증규정」	2005.9.13. 제정
		「개성공업지구 회계검증준칙」	2007.6.22. 제정
		「개성공업지구 회계검증기준」	2007.6.22. 제정

* 총투자액 100만 USD 이상이거나 판매 및 봉사수입금이 300만 USD 이상인 지사, 영업소, 개인업자

내 기관, 기업소, 단체에 적용하되 외국투자기업에는 적용하지 않는다고 명시하고 있으며, 「회계검증법」에서도 회계검증기관과 경영회계를 하는 기관, 기업소, 단체에 적용하고 외국투자기업에는 별도의 법규를 적용한다고 구분하고 있다.

   따라서 적용되는 규정에 따라 북한 내에서 경영회계를 하는 기관, 기업소, 단체에 적용되는 회계검증과 외국투자기업을 대상으로 하는 회계검증, 그리고 라선경제무역지대나 개성공업지구와 같은 특정지구에 적용하는 회계검증으로 구분하여 법규를 적용·이해해야 한다.

북한의 회계사 '회계검증원'

회계검증원은 회계검증사업을 직접적으로 수행하는 담당자로 북한에서 회계검증원이 되려면 일정한 자격요건을 갖추어야 한다. 회계검증원이 되려면 회계검증원 자격시험에 합격해야 하는데, 회계전공 전문가 자격을 취득했거나 회계와 관련된 실무 경험 또는 교육과 관련하여 일정한 경험을 한 자에 한하여 응시자격이 주어진다. 남한의 공인회계사와 유사한 자격인 회계검증원 자격시험은 중앙회계검증원 자격시험위원회가 계획, 실시한다. 회계검증원 자격시험과 관련된 구체적인 시험과목이나 출제범위는 알려져 있지 않으나 각종 규정 및 기타 자료를 토대로 할 때「회계법」, 회계계산과 회계검증규정 및 기타 회계사업의 법률준수 여부에 대한 검토능력을 요구하고 있어 이와 관련된 과목으로 추측된다.

한편「회계검증법」제42조에는 회계검증원이 업무를 수행하는 과정에서 과실이 있는 경우 해당 회계검증원의 급수를 강등하거나 박탈한다고 규정하고 있어 자격시험의 난이도와 경력에 따라 급수가 있는 것으로 추측된다. 회계검증원은 회계검증 결과에 대하여 책임을 지며 회계검증 과정에서 알게 된 비밀을 준수해야 한다. 회계검증 과정에서 직권을 남용하거나 불법적인 사실을 묵인하는 행위는 금지된다.

북한회계검증원의 업무

「회계검증법」 제3조에서는 회계검증을 정기검증과 비정기검증으로 나누어 규정하고 있는데, 정기검증에는 주기적으로 진행되는 결산검증이 해당되고, 비정기검증에는 조업개시검증, 해산 및 통합검증, 인계인수검증, 대외협조검증 등이 해당된다고 규정하고 있다.

「회계검증법」상 회계검증의 분류		표 2
구분	회계검증의 종류	내용
정기검증	결산검증	분기, 반년, 연간 회계결산서에 대한 검증 수행
비정기검증	조업검증	기관, 기업소, 단체가 신규로 설립되었거나 개건현대화되어 조업하는 경우 검증 수행
	해산 및 통합검증	기관, 기업소, 단체가 해산되거나 통합되는 경우 검증 수행
	인계인수검증	기관, 기업소, 단체의 책임자 또는 재정회계책임자가 변경되는 경우 검증 수행
	대외협조검증	국제기구나 타국의 정부, 기업, 개인으로부터 협조를 받은 기관, 단체 또는 타국에 있는 북한의 기관, 기업소, 단체에 대한 검증 수행

회계검증원의 보수 및 수행방식

북한의 회계검증이 정부의 통제활동으로 진행되고 있는데 기관, 기업소, 단체가 회계검증의 대가로 중앙재정지도기관이 정한 보수를 국가 수수료 형태로 납부한다는 점은 특이하다고 볼 수 있다.

실무상 회계감사를 수행하려면 일반적으로 사전계획을 수립하고 실제 업무는 감사대상 회사를 방문하여 현장에서 수행한다. 반면 북한에서는 「회계법」 제33조에서 회계검증 장소를 회계검증기관에서 실시하고 필요한 경우 현지에서 업무를 진행할 수 있다고 언급하고 있는 것으로 보아 대부분 현장을 방문하지 않고 서류검토만 이루어지는 것으로 보인다. 다만, 2015년 수정, 보충된 「회계검증법」 제28조에 "회계검증기관은 회계검증과 관련한 현지 료해를 하며, 필요한 자료를 요구할 수 있다."라고 규정하면서 최근에는 현지 방문을 강조하고 있다. 서류검토만 이루어지는 것은 전산화되어 있지 않은 회계 시스템하에서는 결산서를 작성하는 과정에서 오류가 많이 발생하므로 회계검증이 주로 결산서상의 계산의 정확성과 관련 문서의 연계성을 확인하는 데 보다 집중해야 하기 때문이라고 추측된다.

검증대상별 회계검증 방법

1) 결산검증방법

정준택원산경제대학교의 교과서 《회계학》(김옥선 등, 2007)에서는 결산검증을 위한 구체적인 방법으로 '1. 결산기본표에 대한 검증', '2. 결산부표에 대한 검증', '3. 결산표 호상대조에 의한 검증', '4. 협동농장결산분배서에 대한 검증'을 제시하고 있는데, 그중에서 결산검증의 대상이 되는 회계결산서와 검증내용은 〈표 3〉과 같다.

결산검증의 대상 및 내용		표 3
구 분	검증대상	검증내용
결산기본표에 대한 검증	계획수행표	*기관 및 기업소가 해당 결산시에 수행한 인민경제계획 및 재정계획수행의 정확성과 계획수행에 미친 요인을 확정 *계획과 실적이 결산기간의 누계와 일치하는지, 계획기관 혹은 통계기관의 평가자료인지를 검토
비정기검증	국가예산납부의무 수행표	*국가예산거래채무의 기초 및 기말 잔액의 처리가 적정 한지 검토 *계획-조성-납부 항목이 적정한지 검토
	재산과 자금원천대조표	*기관 및 기업소의 재산과 자금의 상태, 그 변동사항을 총 괄적으로 검토하여 경영개선사항 도출에 활용함
	수입과 지출 및 분배대조표	*기업소의 수입과 그에 상응하는 지출 및 순소득과 그 분 배를 상호관련성 있게 종합적으로 총괄분석함 *이를 통해 순소득 증가 및 정확한 소득분배를 추구함
결산부표에 대한 검증	관련 장부[1]	*경영회계결산서부표의 세부지표 사이의 수치가 정확한 지, 또한 결산표 및 기본결산표 상호연계성이 정확한지 를 검토
결산표 호상대조 에 의한 검증	기본결산표와 관련 결산부표	*재산과 자금원천대조표와 관련된 결산부표와의 대조 *수입과 지출 및 분배대조표와 관련된 결산부표와의 대 조 *관련 결산부표 사이의 대조
협동농장결산분 배서에 대한 검증	관련 장부[2]	*농장의 결산분배 정확성을 검토함

1) 경영수입과 지출결산표, 원가(유통비)결산표, 부업경리수입과 지출결산표, 기타 경영수입과 지출결산표, 합의가
   격편차결산표, 일반비결산표, 순소득 및 분배결산표, 기업손실분석표, 고정재산결산표, 유통자금결산표, 사업비
   자금결산표, 경비예산자금목별결산표, 상품 및 채권, 채무상태 결산표, 외화재정상태표 등
2) 인민경제계획수행표, 수입과 지출 및 분배계산표, 기본건설투자자금 수입 및 지출정형표, 사회문화자금 수입 및
   지출정형표, 탁아소·유치원 자금수입 및 지출정형표, 사회보험수입 및 사회보장연금 지출정형표, 재산 및 자금
   원천대조표, 고정재산종합표 등
*출처: 김옥선 등, 2007, 《회계학》, 정준택원산경제대학교 요약

2] 조업개시검증

기관, 기업소, 단체가 새로 조업을 개시하는 경우에는 조업개시
검증을 의무적으로 받아야 한다. 조업개시검증은 조업개시 현재의
재산, 자금, 채권채무 상태의 정확성과 합법성을 확인하는 절차이
다. 자본주의 경제체제하에서는 사업을 개시하면, 주식회사는 주주

로부터 자금을 조달받지만 사회주의 경제체제인 북한에서는 별도의 주주가 아닌 관할기관으로부터 재산을 직접 이관받으므로, 이후 경영성과를 정확하게 평가하려면 개시시점의 재산 상태를 확인하는 것이 중요하다.

조업을 개시하려는 기관, 기업소, 단체는 조업을 시작하기 10일 전에 관련 기관으로부터 넘겨받은 재산과 자금, 조업준비 기간 동안에 이루어진 경영활동 과정에서 발생한 채권 · 채무 상태에 대한 회계결산서(실사표)를 작성하여 회계검증기관에 검증신청을 해야 한다. 이러한 조업개시검증신청서에는 재산과 자금등록 상태표, 수입과 지출 상태표, 채권 · 채무 상태표, 고정재산 실사표, 물자 및 상품 실사표, 저장품 실사표, 화폐재산 실사표, 채권채무 실사표, 자금상태 실사표 등이 포함된다.

회계검증기관은 기관, 기업소, 단체가 제출한 회계결산서와 회계문건을 직접 검토하거나 현지에서 실사하여 확인한다. 이러한 조업개시검증은 국가의 재산을 정확히 등록하고 투하된 자원을 효과적으로 이용하여 낭비를 없애고 실리를 제고하는 데 그 의의가 있다.

3) 해산 및 통합 검증

해산 및 통합 검증은 기관, 기업소, 단체가 국가적 조치에 의해 해산하거나 통합될 때 잔여재산과 자금, 채권, 채무에 대한 정확성 및 합법성을 확인하는 절차이다. 해산이나 통합이 국가에 의해 결정되면, 기관이나 기업소 및 단체는 2주일 내에 재산과 자금, 채권과 채무를 정리하여 실사표를 작성하고, 실사가 종료되면 회계결산을 진행한 후 회계결산표와 함께 유동자산일람표, 분기일기장, 재산실사표를 회계검증기관에 제출하여 해산 및 통합 검증을 받아야 한다. 해산 및 통합 검증신청서에는 재산과 자금등록 상태표, 수입과 지출 상태표, 채권 · 채무 상태표, 고정재산 실사표, 물자 및 상품 실사표, 저장품 실사표, 화폐재산 실사표, 채권 · 채무 실사표, 자금 실사표 등이 포함된다.

회계검증기관은 해산 및 통합할 기관이나 기업소 및 단체가 제출한 회계결산서와 회계문건을 직접 검토하거나 현지에서 실사하여 확인한다. 이러한 해산 및 통합 검증은 국가의 재산과 자금을 보호하고 경영활동 결과에 대한 책임한계를 명확히 하며, 모든 재산을 정확히 등록하여 관리함으로써 관련 설비와 자재, 자금을 효과적으로 이용하고 낭비를 없애는 데 그 의의가 있다.

4) 인계인수검증

인계인수검증은 기관, 기업소, 단체의 책임자와 재정회계책임자가 변경될 때 인수인계 담당자 사이에 재산과 자금, 채권과 채무의 정확성 및 합법성을 확정하는 절차이다. 기관이나 기업소 및 단체에 해당 사항이 발생한 경우 10일 이내에 인수인계한 재정상태 실사표를 작성하여 회계검증기관에 제출한다. 회계검증기관은 기관이나 기업소 및 단체가 제출한 실사표의 내용을 직접 현지에서 확인해야 한다. 이러한 인계인수검증은 재산과 재정 관리에서 담당자의 책임성을 제고하는 데 그 의의가 있다.

회계검증보고서의 작성과 품질관리

1) 회계검증보고서 작성 및 처리

회계검증기관이 회계검증 과정에서 오류가 발견된 경우 오류 수정에 관한 의견을 담은 회계검증보고서를 서면으로 작성하여 해당 기관, 기업소, 단체에 전달하고, 해당 기관 등은 이러한 오류를 수정하고 관련 현황을 회계검증기관에 통보해야 한다. 「회계검증법」 제33조에 따르면 회계검증원이 회계검증보고서를 작성할 때 회계검증 내용, 검증과정에서 제기된 문제, 회계검증원의 견해, 총체적인 평가, 회계검증원의 성명과 날인, 회계검증일자 등을 기록해야 한다고 규정하고 있다.

한편 「외국투자기업회계법」에서는 검증의견을 긍정의견, 조건적 긍정의견, 부정의견, 검증거절로 명확하게 구분한 반면에 「회계법」 및 「회계검증법」에는 이에 대한 별도의 언급이 없으므로 유추할 수밖에 없다. 실제 북한에서 회계학을 전공하고 탈북한 새터민과 인터뷰한 바에 따르면 북한 내 기관, 기업소, 단체에 대한 회계검증은 오류 등에 대하여 기술하는 형식으로 이루어진다고 하며, 이는 국가 산하 부문인 기관, 기업소, 단체에 대하여 수행되는 것이므로 재정검열과 유사한 형태로 이루어진다고 추측된다. 회계검증보고서의 작성이 완료되면 기관, 기업소, 단체에서는 회계결산서가 첨부된 회계검증보고서의 검증날인을 받아 상급기관에 제출하며, 회계검증을 받은 이후에는 수정될 수 없다.

2) 회계검증 품질관리

남한에서는 회계감사 업무의 질적 관리를 위해 금융위원회 산하에 증권선물위원회를 두고 있으며, 금융위원회의 효율적 수행을 위해 금융감독원이 있고, 자율적 관리를 위하여 한국공인회계사회와 감사조직인 내부 품질감리부서가 운영되는 등 관련 당국의 규제와 민간에서의 자율적 노력이 보완적으로 운영되고 있다. 반면에 북한에서는 회계검증사업에 대한 규제가 철저히 국가통제로 이루어지고 있다. 이는 북한의 「회계검증법」 제37조에 "회계검증사업에 대한 지도통제를 강화하는 것은 국가의 재정정책을 정확히 집행하기 위한 중요 담보이며, 국가는 회계검증사업에 대한 지도와 통제를 강화하도록 한다."고 명확하게 규정하고 있는 것으로 알 수 있다. 북한에서 회계검증사업에 대한 지도는 내각의 통일적인 지도하에 중앙회계검증지도기관이 수행한다.

「회계검증법」 제42조에 따르면 적시에 회계검증을 수행하지 않았거나 잘못하여 기관, 기업소, 단체의 경영활동에 지장을 주었다고 판단되는 경우에는 해당 회계검증원의 자격급수를 낮추거나 박탈하도록 규정하고 있다.

외국투자기업에 대한 회계검증

외국투자기업이란

앞서 북한회계검증 관련 법령 및 규정 현황에서 살펴본 바와 같이 북한에서는 정부 산하 부문으로서의 기관, 기업소, 단체에 대한 회계검증규정과 외국투자기업에 대한 회계검증규정을 구분하여 운영하고 있다.

「외국투자기업회계법」 제2조에서는 적용대상을 외국투자기업과 외국투자은행, 북한 내에서 3개월 이상 지속적인 수입이 있는 외국기업의 지사, 사무소, 대리점에 적용하고, 특수경제지대에 창설한 외국투자기업은 별도의 규정을 따른다고 하여 이를 구분하고 있다.

한편 현행 북한의 관련 법규상 외국투자기업에 대한 명확한 정의는 언급되어 있지 않으나 2016년 북한의 조선대외경제투자협력위원회가 발간한 《조선민주주의인민공화국 투자안내》에 따르면 외국투자기업은 외국인투자기업과 외국기업으로 구분되고, 외국인투자기업은 합영기업, 합작기업, 외국인기업으로 구분된다고 기술하고

있다. 그리고 라진경제무역지대, 개성공업지구 등 특수경제지대를 제외한 북한 내 외국인투자기업의 수는 2014년 기준 371개로 파악되고 있다.

향후 대북제재가 완화되고 남북경제협력이 본격화되어 실제 투자가 본격화될 경우 남한기업은 개성공업지구 등 특수경제지대뿐 아니라 북한 내국기업에 대한 투자도 가능해질 것이다. 따라서 그때는 합영기업, 합작기업, 외국인기업으로 운영될 것이므로 이에 대한 실무적 이해가 중요하다고 할 수 있다.

북한 내 외국투자기업은 합영기업, 합작기업, 외국인기업, 외국기업으로 구분할 수 있다. 합영기업은 「합영법」(1984.9.8. 제정, 2014.10.8. 최종 수정)에 따라 북한 측 투자자와 외국 측 투자자가 공동으로 투자, 운영하고 투자지분에 따라 이익을 분배하는 유한책임의 기업형태를 의미한다. 합영기업은 앞서 살펴본 바와 같이 결산 문건을 내부적으로 선임된 재정검열원의 검열 후 리사회(남한의 이사회에 해당)에서 비준을 받아 결산이윤에서 소득세를 납부한 다음 예비기금과 기타 기금을 공제한 잔여분을 출자비율에 따라 배분한다.

합작기업은 「합작법」(1992.9.5. 제정, 2014.10.8. 최종 수정)에 따라 북한 측 투자자와 외국 측 투자자가 공동으로 투자하고 북한 측이 단독으로 경영하는 기업형태를 의미하는데 이익의 분배는 투자계약 상 상호 협의한 비율에 따른다. 합작기업의 내부조직에 대해서는 리사회 등 경영관리기구에 대한 규정이 없다. 그러나 재정검열원과 비상설인 공동협의회를 운영할 수 있다.

외국인기업은 다른 나라의 법인, 개인, 해외 거주 북한교포가 기업 설립 및 운영에 필요한 자본의 전부를 투자하고 단독으로 경영 활동을 하는 기업을 의미한다.

마지막으로 외국기업은 북한 내 진출한 외국기업의 지사, 대리인, 사무소, 대표부, 출장소, 기타 경제조직을 의미한다.

외국투자기업의 북한 내 경제활동 감사 역할

외국투자기업에 대한 회계검증의 목적은 북한 내 일반 기관, 기업소, 단체에 적용되는 회계검증과 개념적으로 동일하다. 즉, 외국투자기업의 경제활동에 대한 회계계산 자료의 정확성과 합법성을 객관적으로 검토하고 확정하는 것을 회계검증의 목적으로 한다.

다만, 북한 내 일반 기관, 기업소, 단체에 대한 회계검증은 국가 차원에서의 국가재정에 대한 통제의 목적이 강한 반면에 외국투자기업에 대한 회계검증은 이해관계와 관련된 사항이 보다 많이 반영된다고 할 수 있다.

사회주의 계획경제체제의 북한에는 법인세, 개인소득세 등의 소득을 기반으로 한 세법은 없지만 「외국투자기업 및 외국인세금법」(1993.1.31. 제정, 2015.9.9. 최종 수정)에 따르면 외국투자기업은 북한 내에서의 경영활동 결과로 발생한 소득의 25%를 기업소득세(남한의 '법인세'에 해당)로 납부해야 한다. 다만, 경제특구 및 경제개발구 등 특수경제지대에 창설된 외국투자기업의 기업소득세 세율은 결산이윤의 14%, 첨단기술부문, 하부구조건설부문, 과학연구부문 등 장려부문의 기업소득세의 세율은 결산이윤의 10%로 한다(「외국투자기업 및 외국인세금법」 제9조). 따라서 국가재정 통제의 관점에서 북한 측 투자자가 참여한 합영기업과 합작기업뿐 아니라 외국인기업 및 외국기업에 대한 회계검증은 국가 차원에서 중요하다고 할 수 있다.

「외국투자기업회계법」 및 「외국투자기업회계검증법」은 앞서 살펴본 바와 같이 외국투자기업과 외국투자은행, 북한에서 3개월 이상 지속적인 수입이 있는 외국기업의 지사, 사무소, 대리점 등의 외

국기업을 그 대상으로 하고 있다. 「외국투자기업회계검증법」 제44
조에 따르면 투자검증, 조업전결산검증, 결산검증을 받지 않고 영
업을 하는 경우 영업허가증을 신규로 발급하지 않거나 영업을 중지
시키도록 하고 있으며, 「외국투자기업회계법」 제57조에서는 추가
적으로 회계검증을 받지 않은 경우 벌금을 부과하도록 규정하고 있
는 등 북한 내에서 영업활동을 하는 모든 외국투자기업과 외국투자
은행, 외국기업은 회계검증을 의무적으로 받아야 한다.

북한정부가 아닌 간접통제 방식 인정

북한 내에서 일반적인 기관, 기업소, 단체의 회계검증은 각 행정체
계에 따라 중앙, 도(직할시), 시(구역), 군회계검증기관과 해당 회계
검증기관이 수행하는 것으로 규정하고 있으나, 외국투자기업은 「외
국투자기업회계법」 및 「외국투자기업회계검증법」에 따르면 외국투
자기업회계검증사무소가 한다고 규정하고 있다. 이는 국가의 직접
통제 방식이 아니라 회계검증사무소가 회계검증을 하는 간접통제
방식을 통하여 외국투자기업의 경영활동에 대한 직접적인 자극을
피하고 계획적이고 통일적인 관리를 목적으로 하는 것으로 보인다.
　「회계검증법」에서는 회계검증기관의 설립과 운영에 대해서도 규
정하고 있는데, 외국인투자기업 회계검증기관은 중앙회계검증지도
기관의 승인을 받은 경우 국제적으로 공인된 다른 나라의 회계검증

사무소나 공인회계사도 외국투자기업에 대한 회계검증을 할 수 있다고 규정하고 있다. 따라서 이론적으로는 남한의 회계법인이 북한에서 외국투자기업에 대한 회계검증 업무를 할 수 있다고 볼 수 있으나 현실적으로는 여러 가지 실무적 협의가 필요하다.

「외국투자기업회계검증법」에서 설명하고 있는 외국기업에 대한 회계검증기관의 설립 및 운영과 관련된 사항을 요약하면 다음과 같다.

1) 외국투자기업 대상 회계검증기관의 설립절차

회계검증기관을 설립하고자 하는 경우 기관명칭, 소재지, 업무내용, 정원수, 자격관계 등을 기재한 설립신청서를 중앙회계검증지도기관에 제출해야 하며, 외국회계검증기관이 북한 내에 회계검증기관을 설립하고자 하는 경우 상기 설립신청서 이외에 규약, 소개자료, 운영계획 등의 자료를 추가로 제출해야 한다. 중앙회계검증기관은 회계검증기관의 설립신청서를 접수일로부터 30일 이내에 심의하여 설립승인 여부를 통보해야 하며, 영업허가증 또는 부결통지서를 발급해야 한다.

중앙회계검증기관으로부터 영업허가증을 수령한 경우 30일 이내 소재지의 도(직할시)인민위원회에 주소를 등록하고, 이후 명칭, 검증원 구성인원, 소재지 등 등록사항을 변경하고자 하는 경우 중앙회계검증지도기관의 승인을 받아 승인 후 30일 이내 등록변경수

속을 해야 한다.

2) 외국투자기업 회계검증기관의 운영 관련 사항

외국투자기업 회계검증기관은 해당 법규에 따라 각종 비용을 자체 수입으로 충당하고 규정된 납부금으로 기금을 설립하여 사용할 수 있다. 회계검증기관은 자체적인 운영실적에 대해 분기, 연간 결산을 해야 하며 분기결산문건은 분기결산일 후 익월 20일까지, 연간결산문건은 익년 2월 말까지 해당 재정기관에 제출해야 한다.

한편 외국투자기업 회계검증기관은 회계검증대상에 따라 회계검증보고문건을 5년 또는 10년간 보관해야 하며, 투자검증, 연간결산검증, 청산검증보고문건은 영구 보관해야 하고, 매년 1~2회 외국인투자기업 회계검증사업현황에 대한 보고서를 작성하여 중앙회계검증기관에 제출해야 한다.

3) 외국투자기업 회계검증기관의 손해배상준비금

회계검증기관은 「외국투자기업회계검증법」에 의거, 손해배상준비금을 적립하고 회계검증 과정에 고의 또는 과실로 검증의뢰자나 제3자에게 손해를 입힌 경우 이에 대한 보상을 해야 한다.

4) 외국투자기업을 검증하는 회계검증원

외국투자기업 회계검증은 회계검증기관에 소속된 회계검증원이 수행하는데 회계검증자격은 북한의 일반적인 기관, 기업소, 단체에 대한 회계검증원과 동일하게 중앙회계검증원 자격시험위원회가 계획하고 실시한다. 「회계검증법」에서는 회계검증원의 자격증에 대한 유효기간이 별도로 언급되어 있지 않지만 「외국투자기업회계검증법」에는 유효기간을 3년으로 제한하고 있다.

한편 앞서 설명한 바와 같이 외국의 회계검증사무소 검증원 또는 공인회계사도 중앙회계검증원자격심의위원회에 등록하여 영업허가를 받을 수 있는데, 이는 기존의 「외국인투자기업 회계검증규정」(2004.11. 제정)에 따라 북한 주민만 회계검증원이 될 수 있었던 과거와는 차이가 있다. 「외국투자기업회계검증법」에서 규정하고 있는 회계검증원의 권한과 의무는 〈표 4〉와 같다.

회계검증원 권한과 의무	표 4
구분	내용
외국투자기업 회계검증원의 권한	* 검증사업을 위해 해당 기업의 회계장부, 서류 검토 * 회계검증과정에서 기업의 부당한 요구를 거절할 수 있으며 위법 행위를 정당화하거나 위협, 공갈, 매수 같은 방법으로 검증사업을 방해하는 경우 해당기관에 제기
외국투자기업 회계검증원의 의무	* 회계검증사업에서 과학성, 공정성, 객관성 보장 * 회계검증과정에서 알게 된 사항의 비밀 준수 * 검증과정에 나타난 결과를 검증보고서에 정확히 반영 * 검증과정에서 발견된 위법행위를 묵과하지 않아야 함 * 검증결과에 대한 책임

5) 외국투자기업의 회계검증 적용법규

앞서 설명한 바와 같이 외국투자기업에 대한 회계검증은 「회계검증법」제9조에서 회계검증법을 적용하지 아니하고 별도의 해당 법규를 따른다고 명시적으로 규정하고 있어 「외국투자기업회계검증법」(2015.10.8. 제정)을 적용해야 한다. 다만, 외국기업에 대한 회계검증 업무이므로 실무 적용과정에서 본국의 실무내용과 차이가 발생할 수 있는데, 「외국투자기업회계검증법」제4조에 "회계검증 분야에서 국제적으로 인정되고 있는 관습도 적용할 수 있다."고 규정하여 이러한 사항을 방지하기 위한 제도적 보완조치를 마련하고 있는 것으로 이해한다.

6) 외국투자기업 회계검증 방법

외국투자기업 회계검증은 외국투자기업의 경제활동에 대한 회계계산 자료의 정확성과 합법성을 객관적으로 검토하고 확증하는 것을 의미한다. 이에 가장 중요한 검증 종류의 하나인 결산검증에 대해 회계검증기관은 일반적인 기관, 기업소, 단체에 대한 검증방법 외에 외국기업 특성에 맞는 다음 사항에 대해서도 검토해야 한다.

- 정해진 회계계정 과목과 회계계산 방법을 적용했는지 확인
- 기업 등록자본금이 투자검증에서 확인한 금액과 일치하는지 확인
- 재정상태표의 항목별 금액에 허위기록이 없는지 확인
- 수입과 지출이 누락되거나 과장, 은폐되지 않았는지 확인
- 이윤계산과 분배방법이 정확히 적용되었는지 확인

- 세금과 기타 납부금이 정확히 계산되었는지 확인
- 회계결산서의 기본표와 부표가 정확한지 확인
- 기타 회계 관련 법규의 준수 여부 확인

회계검증보고서의 작성과 품질관리

1) 회계검증보고서의 작성

외국투자기업에 대한 회계검증이 완료되면 회계검증사무소는 회계검증보고서를 작성하여 해당 재정기관에 제출해야 한다. 회계검증보고서에는 검증대상, 검증의견, 보고일자, 회계검증원의 성명 등이 기재되어야 한다. 「외국투자기업회계법」 제53조에서는 회계검증 의견을 긍정의견, 조건적 긍정의견, 부정의견, 검증거절로 구분하고 있다. 북한에서 2007년에 발간한 《조선투자법안내(310가지 물음과 대답)》에서는 다음과 같이 설명하고 있는데 이는 남한의 회계감사 의견과 거의 유사하다.

외국투자기업 회계검증 의견 종류	표 5
의견의 종류	내용
긍정의견	회계검증 결과 회계결산서가 회계법규의 요구대로 정확히 작성되었다고 판단되는 경우의 검증의견
조건적 긍정의견	회계검증 결과 회계결산서가 일정한 조건하에서는 회계법규의 요구대로 작성되었다고 판단되는 경우의 검증의견
부정의견	회계검증 결과 회계결산서가 회계법규의 요구대로 작성되지 않았다고 판단되는 경우의 검증의견
검증거절	회계검증을 위한 기초적인 조건이 보장되지 않아 회계검증을 수행할 수 없다고 판단되는 경우 회계검증을 거절하는 의견

2) 회계검증 품질관리

외국투자기업 회계검증사업에 대한 감독·통제는 중앙회계검증지도기관과 해당 감독통제기관이 수행한다. 회계검증기관이 회계검증 과정에서 법 위반 자료를 발견한 경우 해당 자료를 감독통제기관에 보고해야 하며 감독통제기관은 처리내용의 결과를 회계검증기관에 전달해야 한다.

남북한회계사 단체의 교류

북한 조선대외경제투자협력위원회가 발간한《조선민주주의인민공화국 투자안내》에 따르면 북한 내 회계검증기관과 관련하여 "조선민주주의인민공화국 평양회계검증사무소 Pyongyang Office of Auditors of the D.P.R. of Korea가 2004년 11월 아시아태평양회계사연맹CAPA에 가입하여 관련 규약을 준수하고 회계검증의 질적 수준을 높이고 있다."고 소개하고 있다. 평양회계검증사무소 P.O.A.에 대해서는 별도 정보가 공개되어 있지 않으나 중국의 최대 포털인 바이두baidu.com에 따르면 북한의 관련 규정에 따라 1996년 9월 14일 창립한 회계사중앙협회라고 소개되어 있다. 회계검증 업무를 실제로 수행하는 민간조직이라기보다는 회계검증 업무와 관련된 정부조직이라고 추측된다.

향후 대북제재가 완화되고 남북 간의 국제교류가 본격화되면 남한 측 회계 관련 단체인 한국공인회계사회의 협력 상대방이 평양회계검증사무소가 될 것이다. 향후 남북회계협력과 관련하여 두 단체가 빠른 시일 내 만날 수 있기를 기대한다.

> • **전용욱 파트너**는 고려대학교 경영학과를 졸업하고 2000년 삼일회계법인 입사 후, 2007년부터 2011년까지 PwC 상하이 및 베이징 Office에 파견근무를 하면서 중국 진출 한국기업에 대한 중국 회계감사 및 세무 자문을 수행하였다. 현재는 삼일회계법인 내 중국전문가로서 한국과 중국기업의 Cross Border IPO 및 한국진출 중국기업에 대한 자문 업무를 주로 수행하면서 삼일회계법인 남북투자지원센터의 북한 법률·회계세무지원팀 위원으로 활동하고 있다.

＊북한 회계사의 해외 교류 관련 사항은 후순하는 '남북회계협력 전략적 포커스 및 로드맵(이태호, 삼일회계법인)'을 참고하기 바란다.

2부

우리는 무엇을 해왔는가?

이 책은 남북을 구분하는 용어로 남한, 북한, 남한회계, 북한회계 등을 사용함.
단, 개성공업지구 관련된 2부의 경우 남측, 북측으로 표기.

개성공단, 운영의 성과와 과제

강희천_대주회계법인 이사, 공인회계사
박정수_삼정회계법인 파트너, 공인회계사
윤문수_개성공업지구지원재단 재무운영팀장, 공인회계사

개성공단의 정식 명칭은 '개성공업지구'이다. 개성공업지구는 남측의 자본과 기술, 북측의 토지와 인력이 결합되어 만들어진 남북 최초의 경제특구로서, 남북이 10년 이상 공동으로 운영해본 최초의 경제특구라는 점에서 중요한 의미를 지니며, 개성공업지구의 실제 운영사례는 신(新)경제구상하의 경제협력의 밑거름이 되었다.

개성공업지구 회계제도의 주요 특징은 첫째, 회계규정뿐만 아니라 세금규정 등 다양한 회계준거규정의 적용을 허용하고 있고, 둘째, 남측의 과거 법조문식 기업회계기준의 내용을 준용하여 제정되었으며, 셋째, 주로 세무보고 중심의 회계처리를 적용하고 있다는 점이다.

개성공단, 경제특구의 시작과 중단

남북 최초의 경제특구인 개성공단은 2000년 김대중 전 대통령의 베를린선언과 같은 해 6월 13일에 개최된 남북정상회담을 배경으로 논의되기 시작하였다. 같은 해 8월 현대그룹과 김정일 국방위원장의 면담에서 개성으로 공업지구 선정이 합의되면서 '개성공업지구 건설운영에 관한 합의서'를 체결하고 본격적인 사업이 시작되었다.

2002년 북측에서 「개성공업지구법」을 제정하였고, 2003년 개성공업지구 1단계 개발을 착공하였다.

2004년 6월 시범단지를 가동하기 위해 15개의 입주업체를 선정하여 계약을 체결하고, 2만 8,000평의 부지를 조성하였다. 이후 개성공업지구관리위원회가 개소하고 12월 첫 제품을 생산하면서 개성공단은 본격적으로 가동되었다. 본 단지 구성을 위해 2005년 1차 24개의 입주기업을 선정하여 계약을 진행하였고, 2007년에는 2차 183개의 입주기업에 대한 선정과 계약이 진행되어 220여 개의 기업에 분양되었으며, 북측 근로자가 2만 명을 돌파하는 등 사업이 점차 확장되었다. 또한 같은 해 5월 남측에서 「개성공업지구 지원에 관한 법률」을 제정하였다.

기업의 입주는 한국토지공사와 현대아산이 북측으로부터 토지를 50년간 임차하여 공장구역 등을 건설하고 남측 기업에 분양하는 방식으로 진행되었다. 토지이용권을 분양받은 남측 투자기업은 공장을 준공한 후, 공장건물과 토지이용권, 기계장치(중고 포함) 등을 현물투자 하여, 개성기업을 설립하였다. 원칙적으로는 개성기업 설립을 위하여 남측 투자기업이 개성기업에 외화를 송금한 후, 개성기업은 투자받은 자금으로 건축, 기계구입 등의 비용을 지급해야 하나, 현실적으로는 자금이 대부분 남측에서 집행되었다. 이로 인해, 북측 당국은 개성기업의 재무제표에 반영되는 현물투자자산(중고 포함) 등에 대한 가치평가의 적정성에 대하여 문제를 제기하였고, 남측에서도 북측으로의 자금이동 없이 투자가 이루어져, 실제 투자내역을 파악하기가 쉽지 않아 경협보험 가입, 투자실적 관리 등이 곤란하여 개성기업 명의의 남측 원화계정으로의 자금지급이 인정되도록 「대북투자 등에 관한 외국환거래지침」이 개정되었다. 향후 남측개발업자가 북측에 공단을 조성한 후, 남측 기업에 분양할 경우에도 북측 당국은 현물투자자산에 대한 가치평가의 적정성에 대해 문제를 제기할 것으로 예상된다.

한편, 북측은 2008년 이명박 정부의 대북정책과 유엔안보리 대북제재에 반발하여 개성공단에 위치한 남북교류협력협의사무소 남측 당국자 철수 및 개성공단 군사분계선 육로통행을 엄격히 제한·차단하는 '12.1 제한조치'를 공표하면서 남북 간 갈등이 촉발되었다. 당시 조치로 인하여 상시 체류인원수가 880명으로 감축되고 출입횟수(1일 6회), 일일 출입인원 및 차량(회당 인원 250명, 차량 150대)이 대폭 제한되었다. 이 조치는 2009년 해제되었으나 2010년 천안

함 사태가 발생하면서 우리 정부는 개성공단 신규투자 금지를 포함한 5.24 대북제재조치를 시행하였다. 이로 인해 입주기업의 어려움이 가중되었다. 이를 해소하기 위해 우리 정부는 2011년 10월 '개성공단 유연화 조치'를 취하고 2012년 '개성공단 활성화 조치'를 발표하면서 갈등이 해소되기 시작하였다. 이러한 부침 속에서도 개성공단의 누계생산액은 꾸준히 증가하여 2010년에는 10억 달러를 돌파하고 탁아소 개원, 아파트형 공장 등이 추가 가동되었고, 2012년에는 소방서와 응급의료시설이 완공되어 운영을 시작하였다.

2013년 1월에는 누계생산액이 20억 달러까지 돌파했으나 북측은 같은 해 2월 12일 3차 핵실험에 대한 남측의 부정적인 언론보도 기사를 문제 삼아 서해 군통신과 남측에서 방문하는 출경을 전면 차단함과 동시에 북측 근로자를 전원 철수시켰다. 이에 우리 정부는 잔류인원을 귀환시키기로 결정하면서 개성공단 가동이 잠정적으로 중단되었다.

2013년 8월 남북은 「개성공업지구 발전적 정상화를 위한 합의서」를 채택하고 9월 개성공단을 재가동하면서 남북공동위원회사무처를 설치, 운영하였다. 이후 2014년 개성공업지구지원재단에 외국인투자지원센터를 개소하고 2015년 「개성공업지구 구강보건사업 협약」(관리위-남북구강보건 의료협의회), 「개성공업지구 입주기업 지원 사업에 관한 업무협약」(관리위-중소기업진흥공단), 「개성공업지구 도로 유지관리 등 상호협력에 관한 합의서」(관리위-한국도로공사), 「개성공업지구 해외시장 진출과 국제화 지원에 관한 업무협약」(지원재단-한국무역협회-KOTRA), 「개성공업지구 토지사용료 기준에 관한 합의서」(관리위-총국) 등을 잇달아 체결하였다. 하지만 2016년 북측의 4차 핵실험과 미사일 발사에 대해 우리 정부는 같은 해 2월 개성공단 전면 중단 조치를 발표하면서 현재까지 폐쇄된 상태이다.

이처럼 개성공업지구는 남측의 자본과 기술, 북측의 토지와 인력이 결합되어 민족 공동번영을 목표로 하여 만든 남북 최초의 경제특구로 2004년 첫 제품을 생산한 이후 2013년 누계생산액이 20억 달러를 돌파하는 등 생산규모가 확대되어 왔으나 2013년 잠정중단과 재가동을 거쳐 2016년부터 다시 전면 중단 상태에 있다. 개성공업지구는 남북이 10년 이상 공동으로 운영해 온 최초의 경제특구라는 점에서 중요한 의미가 있으며, 개성공업지구의 실제 운영사례는 향후 특구를 개발하고 운영하는 데 많은 도움이 될 것이다. 개성공업지구의 법체계, 회계제도에 대한 사례를 통하여 향후 진행될 특구의 개발, 운영에 대한 회계제도 및 운영 측면에서의 시사점에 대해 알아보고자 한다.

개성공업지구를 열었던 법적 근거

개성공업지구는 남북 간 합의서, 남측 법규, 북측 법규가 모두 적용된다. 이는 개성공업지구가 남북이 함께 운영해 나가는 특수한 공간이기 때문이다. 하위 법률인 공업지구법규의 시행세칙 작성권한 역시 1차적으로는 중앙공업지구지도기관에 있으나, 시행세칙 제정권은 남북이 협의하여 정하는 방식을 채택하고 있다. 개성공업지구는 출입 및 체류에 관한 합의서, 통신 · 통관 · 검역에 관한 합의서 등 개성공업지구와 관련하여 채택된 합의서는 물론, 투자보장, 이중과세방지 등 남북경협 4개 합의서 또한 적용된다. 남측 법규로는 개성공업지구의 개발 · 운영, 투자 · 체류하는 남측 기업과 인원의 보호 · 지원을 목적으로 하여 제정된 「개성공업지구지원에 관한 법률」과 「남북교류협력에 관한 법률」, 「남북협력기금법」 등이 개성공업지구에 적용되고 있다. 북측의 법체계는 「개성공업지구법」을 기본법으로 하여 개발규정, 기업창설, 운영규정 등 하위 규정으로 구성되어 있다. 아울러 「개성공업지구법」은 중앙공업지구지도기관에 하위 규정의 시행세칙 작성 권한을, 공업지구관리기관에 사업준칙 작성 권한을 부여하고 있다.

경제교류 협력을 위한 '남북경협 4개 합의서'

2000년 12월 16일 채택된 남북경협 4개 합의서는 남북 경제교류와 협력을 위하여 필요한 기본적인 사항을 정하고 있고, 이후 개성공단과 관련된 9개의 남북 간 합의서가 추가로 채택되었다. 남북경

2부 우리는 무엇을 해왔는가?

협 4개 합의서는 전문에서 남북경협이 나라와 나라 사이가 아닌 민족 내부의 거래임을 명시하고 있으며, 「개성공업지구법」에서는 "개성공업지구와 관련하여 북남 사이에 맺은 합의서의 내용은 이 법과 같은 효력을 갖는다(부칙 제2조)."고 규정하고 있다.

남북경협 4개 합의서 중에서 「남북 사이의 투자보장에 관한 합의서」는 일방이 상대방에 투자한 자산이 법령에 따라 보호되고 상대방에 의하여 수용되거나 재산권이 제한되지 않음을 명시하고 있으며, 「남북 사이의 소득에 대한 이중과세방지합의서」(이하 「이중과세방지합의서」)는 소득세, 법인세 등에 대해 쌍방이 이중과세를 하지 않도록 하고 있다. 「남북 사이의 상사분쟁 해결절차에 관한 합의서」는 상사중재위원회의 구성, 운영을 통하여 경협과정에서 발생하는 분쟁을 해결하도록 규정하고 있다. 마지막으로 「남북 사이의 청산결제에 관한 합의서」는 청산결제 방식의 대금결제를 위한 사항을 규정하고 있다. 이와 같은 '남북경협 4개 합의서' 외에도 개성공단 사업 및 남북 경협의 원활한 진행을 위하여 통신, 검역, 도로운행, 열차운행 등 여러 분야에 걸쳐 남북 간 합의서가 채택·발효되었다.

남측의 「개성공업지구 지원에 관한 법률」

「개성공업지구 지원에 관한 법률」은 2007년 5월 25일 제정되어 같은 해 8월 26일부터 시행되었다. 이 법은 정부가 개성공업지구에 기반시설, 자금 등을 지원할 수 있도록 하는 한편, 개성공업지구 내 현지기업에 대해서도 남측의 기업지원제도를 적용할 수 있도록 하고 있다. 이에 따라 개성공업지구 현지기업에 중소기업 진흥, 산업안전, 환경보전 등을 위한 자금, 시설, 기술 등의 지원이 가능해졌다. 개성공업지구 투자의 경우에도 남측에 투자한 경우와 마찬가지로 투자자가 세제혜택을 받을 수 있도록 하되, 구체적인 혜택의 내용은 「조세특례제한법」이 정하도록 하였다. 이에 따라 「조세특례제한법 시행령」을 개정하여 2008년 1월 1일부터 남측 투자기업이 개성공단의 사업용 자산(중고품 제외)에 투자했을 경우, 이를 남측 투자로 보아 그 투자금액의 일정률에 해당하는 금액을 남측 투자기업이 납부하는 법인세에서 공제받게 되는 고용창출투자세액공제(구 임시투자세액공제)를 적용하였다. 또한 현지기업에 고용된 남측 근로자에게도 4대 보험이 적용되는 근거를 마련했으며, 「근로기준법」 등 근로보호의 기본 법률이 적용됨을 명시하고 있다. 한편, 「개성공업지구 지원에 관한 법률」은 개성공업지구 사업의 특수성을 감안하여, 민족 내부거래의 취지에 맞게 왕래 및 교역절차 간소화 특례를 정할 수 있는 근거규정을 두고 있다.

「남북교류협력에 관한 법률」은 남북 간 경제협력에 관한 일반적인 사항을 규율하는 법으로, 교역, 남북 왕래절차, 물품 반출입의 승인, 협력사업의 승인 등에 대하여 규정하고 있으며, 투자·물품의 반출입 등에 관해서는 「외국환거래법」, 「관세법」 등 약 20개의 법률을 준용토록 하고 있다. 동 법은 남북 간의 거래는 해외거래가 아닌 민족 내부거래로 보아 수출과 수입 대신 반출과 반입이란 단어를 사용하고 남북 간에는 무관세를 적용하고 있으나, 남북 각각의 과세권, 행정권 등이 달라 남북 간의 경협거래 등에 대해서는 관련 법률을 필요한 범위 내에서 준용하고 있다. 예를 들어 북측에 물품을 반출하는 것은 수출품목으로 보고, 반입하는 것은 재화의 공급으로 보아「부가가치세법」을 적용한다. 한편「남북협력기금법」은 기금의 설치, 운용, 관리에 관한 사항을 정하고 있으며, 남북 경협 사업을 촉진하기 위하여 소요되는 자금을 법인·단체를 포함한 남측 주민에게 지원 또는 융자를 할 수 있도록 규정하고 있다. 이외에도 공업지구관리기관은「개성공업지구 사업준칙」을 통하여 부동산의 등록 및 집행, 기업창설과 운영 등에 관하여 51개의 사업준칙을 제정하여 시행하고 있다.

북측의「개성공업지구법」

개성공업지구에 적용되는 북측 법규는「개성공업지구법」과 이에 따라 세부적인 사항을 정하고 있는 하위규정, 중앙공업지구지도기관이 제정하는 시행세칙으로 구성되어 있다.

개성공업지구의 기본법은 북측 최고인민회의 상임위원회가 2002년 11월 20일 제정한「개성공업지구법」이다.「개성공업지구법」제1조는 "개성공업지구는 공화국의 법에 따라 관리·운영하는 국제적인 공업, 무역, 상업, 금융, 관광지역이다."라고 규정하여 개성공업지구가 북측의 주권과 법이 전면적으로 적용되는 경제특구임을 선언하고 있다. 그러나 제9조에서는 "공업지구에서 경제활동은 이 법과 그 시행을 위한 규정에 따라야 한다. 법규로 정하지 않은 사항은 중앙공업지구지도기관과 공업지구관리기관이 협의하여 처리한다."라고 규정하여, 공업지구에서의 경제활동에 대해서는 다른 북측 법규의 적용을 배제하겠다는 취지를 명시하고 있다.

2003년 4월 24일 최고인민회의 상임위원회가 「개성공업지구 개발규정」을 제정한 이래 현재까지 총 16개의 하위 규정이 제정되어 「개성공업지구법」을 구체화하는 역할을 하고 있다. 아울러 「개성공업지구법」은 중앙공업지구지도기관에 시행세칙 작성권한을 부여하고 있으며, 이에 따라 총 18개의 시행세칙이 제정되어 있다. 남측은 「개성공업지구법」 제9조에 따라 시행세칙의 제정 및 시행에 관하여 남북이 협의하여 처리해야 한다는 입장을 취하는 반면, 북측은 시행세칙의 제정권한이 중앙공업지구지도기관에 있음을 강조하고 있는 상황이어서, 현재까지 남북이 합의하여 시행 중인 시행세칙은 「자동차관리규정시행세칙」 1개에 불과하다.

개성공단 현장의 회계·세금 제도

개성공단의 회계·세금 제도는 초창기에는 남측의 제도로 운영되었으나, 점차 남북이 협의하여 제도를 보완하고 기본적인 규정을 정비하였다. 제도 정비 후, 북측은 회계와 세금 관련 제도를 직접 운영했으나, 제도운영을 위하여 북측이 작성한 상세규정인 시행세칙에 대하여 남측과 이견이 발생하는 등 많은 문제점이 노출되었으며, 이를 해소하기 위한 협의가 진행되었다.

초기 단계

개성공단 초기 회계 및 세금 관련 규정은 「개성공업지구세금규정」(이하 「세금규정」)과 「이중과세방지합의서」만 존재했고 상세사항은 규정되어 있지 않는 상황에서, 북측은 사회주의 체제의 특성상 세금제도 운영 경험이 적어 제도를 직접 운용하는 데 어려움이 있었다. 북측은 2005년 3월 9일 회계처리와 세금계산은 남측의 기준을 적용하고, 세무등록·세금징수·회계검증 등의 업무를 개성공업지구관리위원회(이하 '관리위원회')에 위임하는 내용의 '개성공업지구 세금규정 집행을 위한 잠정사업절차(이하 '잠정사업절차')'를 제정하였다. 이에 따라 관리위원회는 2007년 4월 11일 북측 세무소가 개성공단에 설치되기 이전까지 회계 및 세금 관련 업무를 담당하게 되었다. 참고로, 관리위원회는 명목상 북측 법인이지만, 남측의 개성공업지구지원재단 이사장, 상근이사가 각각 관리위원장, 부위원장을 겸임하고, 직원도 대부분 남측 인원으로 구성되어 있는 사실상 남측 기관이라고 할 수 있다.

제도정비 단계

'잠정사업절차'에 의하여 기업의 회계처리와 세금계산에 대하여 남측의 기준을 잠정적으로 적용하던 상황에서 북측은 남측과 협의를 통하여 회계 및 세금 관련 기본적인 사항이 포함된 「개성공업지구 회계규정」(05.6.28), 「개성공업지구 기업재정규정」(05.6.28), 「개성공업지구 회계검증규정」(05.9.13)을 제정하였다. 관리위원회는 위의 규정에 따라 '개성공업지구 기업회계기준(「회계규정」 제8조)'과 '회계검증준칙(「회계검증규정」 제6조)'을 작성했으며, '회계검증사무소 선정(「회계검증규정」 제7조)' 등의 후속절차를 진행하였다.

개성공업지구 회계기준은 회계기준과 용어가 대부분 남측과 일치되도록 협의하여 작성(07.6.15)되었으며, 이후에는 북측 회계용어로 수정(08.6.25, 10.11.12)하여 시행하였다. 한편, 관리위원회는 개성공업지구의 회계와 세무 실무를 담당할 북측 관계자에 대한 연수를 중국 선전^{深圳}에서 실시(05.11.5~12.21)하였다. 연수는 기업경영·회계·세무·금융 등 4개 과목으로 구성되었으며, 선전^{深圳}의 산업

현장을 방문하여 시장경제 및 개성공단의 개발·운영에 대한 시사점을 배울 수 있도록 하였다. 또한 관리위원회는 입주기업 북측 근로자의 업무능력 향상을 위해 북측 회계담당자를 대상으로 2006년 11월 한 달간 회계교육을 실시하는 등 제도정비를 지원하였다.

북측의 제도운영 단계

북측은 기본적인 규정을 정비한 후, 2007년 4월 11일 개성공업지구세무소를 설치하여 직접 회계와 세금 관련 업무를 시작했고, 관리위원회는 2007년 7월 2일 「회계검증규정」에 따라 입주기업의 회계투명성 확보를 위한 회계감사를 수행할 남측의 회계법인 2개를 회계검증사무소로 선정하였다. 그러나 회계처리가 대부분 남측 투자기업 및 남측 외부 기장업체에서 이루어졌기 때문에 북측은 개성기업이 회계서류를 작성하고 보관하지 않는 것에 대한 문제를 제기하기도 하였다. 개성공업지구세무소는 세무업무뿐만 아니라 회계관련 업무도 수행하도록 되어 있었으나, 세금징수 목적인 세금 관련 업무에 중점을 두었고, 기업회계는 회계검증사무소의 검증보고서에 의존하였다. 또한 북측은 남측 투자기업의 투자가액 등의 적정성 평가 등에 대한 투자검증이 이루어지지 않는 상황에서, 개성기업의 회계장부에 계상되는 현물투자자산(중고 포함) 등에 대한 가치평가의 적정성에 대해 지속적으로 문제를 제기하였다.

현실 속의 개성공단 회계

남북 간의 이견 발생

「개성공업지구 회계규정」(이하 「회계규정」)은 기업의 회계 처리과정에서 지켜야 할 일반적인 사항을 규정하고 있으며, 상세사항은 관리위원회가 작성하는 개성공업지구 기업회계기준에 위임하고 있다. 회계규정은 총 4장 53조의 조문으로 구성되어 있으며, 회계규정이 제정(05.6.28)된 이후, 「외국투자기업 회계법」도 회계규정과 유사한 형태로 제정(06.10.25)되었다. 「회계규정」의 주요 내용은 재산의 평가, 수입 및 비용의 계산, 대차대조표 · 손익계산서 · 손익처분계산서 · 현금유동표의 작성방법 등이다.

「회계규정」과 함께 살펴봐야 할 것은 「개성공업지구 기업재정규정」(이하 「재정규정」)이다. 「재정규정」은 기업의 자본 조성과 이용, 이윤분배 등과 관련된 일반적인 사항을 규정하고 있다. 「재정규정」은 장이나 절 구분 없이 총 30개 조문으로 규정되어 있으며, 「외국투자기업 재정관리규정」을 바탕으로 제정(05.6.28)되었다. 「재정규정」은 개성공업지구 기업창설 · 운영규정, 세금규정 및 시행세칙, 회계규정 등에 반영된 사항들이 혼합되어 별도 규정으로 필요하지 않았으나, 북측이 내부적인 법규와 조화를 이루기 위해 제정하였다. 「재정규정」의 주요 내용은 등록자본의 규모, 투자의 인정시점, 유형재산과 무형재산의 감가상각 방법과 내용연수, 원가와 비용계산의 금지대상, 대외사업비 한도, 예비기금의 적립 등이다. 북측은 「재정규정」의 상세사항을 규정하기 위한 재정규정 시행세칙을 남측과 협의하여 제정(08.12.10)했으나, 투자금지 중고자산의 범위와 벌금의 대상 및 규모 등 남측의 일부 조항의 수정 요구를 북측이 반영하지 않은 상황에서 기존의 시행세칙을 수정, 보충(12.2.29, 13.3.12)하여 남측에서는 공식적으로는 시행세칙을 인정하고 있지 않다.

남측 회계법인의 역할

「개성공업지구 회계검증규정」(이하 「회계검증규정」)은 「외국인투자기업회계법」 등을 바탕으로 제정(05.10.28)되었으며 회계감사 대상, 회계검증사무소의 설립과 운영, 회계감사 절차와 방법, 감독통제 등의 일반적인 사항을 규정하고 있으며, 상세사항은 관리위원회가 작성하는 회계검증준칙에 위임하고 있다. 「회계검증규정」에 따라 회계검증준칙 작성(07.6.22) 및 남측 회계법인 2개를 회계검증사무소로 선정(07.7.2)하는 등의 후속절차가 진행되었다. 개성공업지구 입주기업에 대한 회계검증은 2007년부터 시행되어 폐쇄 당시까지 3개의 남측 회계법인에서 개성공업지구 회계감사를 담당하고 있었다. 검증기준은 회계검증사무소가 유형재산에 대한 감정평가도 한다고 되어 있으나, 남북 간에 합의가 되지 않아 현재는 수행되고 있지 않다.

회계검증사무소에서 수행하는 회계검증은 투자검증, 결산검증, 청산검증으로 구성된다. 투자검증은 새로 창설(신규설립)되거나 통합(합병), 분리(분할)되는 기업, 총 투자액의 10%를 재투자하는 기업의 투자보고서에 대한 검증을 의미한다. 결산검증은 기업의 월, 분기, 반기, 연간 회계결산서에 대한 검증으로 연간 회계결산서에 대한 검증은 의무적으로 받아야 하며, 이외 기간에 대해서는 기업의 선택사항이다. 결산검증은 남측의 회계감사에 해당된다. 청산검증은 해산 또는 파산하는 기업의 청산보고서에 대한 검증을 의미한다. 투자검증은 개성공단이 전면 중단된 2016년 2월 10일 직전까지 검증기준, 검증기간, 검증대상, 검증절차 등에 대하여 논의가 진행되어 왔으나 개성공단 전면 중단으로 시행되지 못하고 있다. 청산검증은 청산 또는 파산되는 기업이 극소수에 불과하고 청산시점까지 기업소득세(법인세) 신고를 위하여 일반적으로 결산검증을 진행함에 따라 실무적으로는 결산검증으로 대체되었다. 회계검증사무소의 회계검증은 거의 대부분 결산검증으로 진행되었다.

개성공단의 입주기업들은 남측 모기업의 생산기지 역할을 해왔다. 이에 따라 일부 기업을 제외하고는 대부분 생산, 품질 관리에 중점을 두었고 회계 전문 인력은 부족한 상태였다. 회계는 주로 남측 모기업의 회계인력의 지원이나 외부 기장업체를 통해 이루어졌다. 개성공단에 투자한 남측 모기업이 대부분 소규모 기업인 점도 영향을 미쳤다. 개성공단 내의 거래들이 개성공단 밖의 모회사 또는 외부 기장업체의 지원을 통해 기록됨에 따라 회계검증사무소의 회계검증이 시작된 초기에는 개성공단 내 거래에 대한 이해 부족, 용어의 생소함, 회계기준에 대한 이해 부족 등으로 기업의 회계결산서에 부족한 부분이 많이 발생하였다. 개성공단 입주기업의 회계 전문 인력 충원이 쉽지 않은 상황을 고려하여 개성공업지구관리위원회 주최하에 회계검증사무소는 개성공단 입주기업의 회계 담당자 및 법인장, 남측 모회사의 회계 담당자, 남측의 외부 기장업체 실무자를 대상으로 연간 수차례의 회계 및 세무 교육을 남측과 개성공단 내에서 실시하였다. 또한 회계검증 수행과정에서 회계 담당자의 개성공단 내 거래, 회계기준 등에 대한 이해를 돕기 위한 설명과 정보를 제공함으로써 개성공단 입주기업의 회계결산서 작성능력은 크게 제고되었다. 이러한 노력으로 개성공단 입주기업은 물론 개성공업지구관리위원회 및 북측의 회계검증 감독통제기관인 중앙공업지구지도기관도 회계검증이 개성공단 입주기업들의 회계투명성 제고에 크게 기여한 것으로 인지하고 있다.

회계검증이 종료되면 회계검증보고서와 세무조정계산서가 개성공업지구관리위원회를 통하여 북측의 중앙공업지구지도기관에 제출된다. 「회계규정」에서 언급된 바와 같이 개성공단 내의 기업회계는 기업회계기준뿐만 아니라 세금규정도 준하여 처리하도록 하고 있어 회계와 세무는 거의 동일시되고 있다. 회계검증사무소가 작성한 회계검증보고서의 주요 이용자가 북측의 중앙공업지구지도기관 산하의 개성공업지구세무소로 회계검증보고서가 제출되는 시점부터 연중 내내 세무조사에 해당하는 자료 요구가 시작된다. 개성공단 입주기업이 120여 개 수준으로 많지 않기 때문에 6~8명의 개성공업지구세무소 담당자가 전체 입주기업을 대상으로 하는 연중 세무조사가 가능한 수준이다. 회계 및 세무 전문 인력이 부족한 입주기업의 특성상 개성공업지구세무소의 자료 요구에 대한 적절한 대응이 어려운 상황이었고, 회계검증사무소가 입주기업을 위해 자료 준비와 세무조사 대응을 지원하였다. 특히 2013년 2월부터 개성공단 내에 회계검증사무소가 상주하여 회계 및 세무 상담 등 서비스를 제공함으로써 개성공단 내 회계 및 세무 제도의 안정적인 정착에 크게 기여하였다.

개성공단 내 회계 및 세금 관련 규정이 완전하게 구비되어 있지 않고 수정세금규정 시행세칙과 같이 아직 다툼이 있거나 모호한 규정이 있어 개성공업지구세무소의 규정에 대한 해석 및 적용 또는 세무조사 과정에서 개성공단 입주기업과 이견이 많이 발생하였다. 회계검증사무소는 개성공업지구관리위원회와 함께 이견이 있는 주요 쟁점사항에 대하여 입주기업뿐만 아니라 개성공업지구세무소에 의견을 제시하고 남측 및 국제적 수준의 규정을 소개함으로써 지금 당장은 아니더라도 향후 규정의 제·개정 시 참고가 될 수 있는 토대를 마련하고자 하였다. 여전히 많은 이견이 존재하나 이견을 해소하기 위한 과정과 노력들은 향후 개성공단뿐만 아니라 새로운 경제특구의 회계 및 세무 제도 발전에 밑거름이 될 수 있을 것이다.

회계제도의 특징

개성공단은 운영상의 특수성 탓에 일반적인 상황과 다른 특징을 4가지 가지고 있다.

첫째, 「회계규정」 제7조에서 '회계규정', '기업재정규정', '회계검증규정', '세금규정' 등 다양한 회계준거 규정 적용을 허용하고 있어서, 각 규정에서 동일한 사안에 대해 서로 다르게 규정하고 있는 등 기업 간 서로 다른 회계처리 적용 가능성이 있는 실정이다.

둘째, 개성공단 기업회계기준은 남측의 과거 법조문식 기업회계기준의 내용을 대부분 준용하여 단순한 형태로 제정되어 다양한 거래에 대한 회계기준 적용에는 한계가 있다. 다만, 개성공단 기업이 거의 대부분 임가공 방식의 생산형태를 취함에 따라 회계처리가 단순하고 개성공업지구 투자기업이 대부분 남측의 소규모 기업으로 현행 회계기준의 변화 및 국제적 정합성을 갖춘 회계기준 도입의 필요성이 낮아서 현재 수준의 회계기준에 대한 적용에는 무리가 없는 상황이다.

셋째, 재무정보의 주요 이용자가 북측 중앙공업지구지도기관 산하의 개성공업지구세무소로 세무보고에 관심이 많고, 개성공단 투자기업 또한 대부분 남측의 소규모 기업이어서 재무정보가 상대적으로 중요하게 인식되지 않아 세무보고 중심의 회계처리에 적용되고 있는 실정이다.

넷째, 개성공단 기업의 북측 구성원은 대부분 생산, 통계, 인사, 총무 업무를 담당하고 극히 일부 기업에서만 회계업무를 담당하고 있으며, 대부분의 기업이 장부기록 등 회계업무를 남측의 모회사 직원 또는 외부기장업체가 담당하고 있는 실정이다.

향후 특구에 필요한 회계제도의 변화

재무보고의 목적은 투자자와 채권자 등 다양한 재무정보 이용자의 의사결정에 유용한 정보를 제공하는 데 있다는 점에서 세무보고 목적과 달리 독립된 회계준거 규정 제정도 필요하다.

개성공단은 단순히 남측으로부터 주요 원부자재를 반입하여 가공한 생산품을 남측 기업에 납품하는 단순 임가공 생산공장의 형태로 운영되어 회계처리는 단순하였다. 하지만 향후 특구에서 필요한 원부자재를 북측으로부터 조달할 수 있고, 특구에서 생산된 물품을 북측에 판매할 수 있게 되는 등 북측경제가 발전할 경우, 그 진척 상황에 따라 국제적 정합성을 갖춘 회계기준 도입 추진도 고려해야 한다. 또한 향후 특구가 활성화되어 남측 및 외국투자기업의 규모가 확대된다면 회계기준을 투자회사와 통일시키기 위해 국제적 정합성을 갖춘 회계기준이 필요하며, 특구에서 육성하는 산업에 따라 주요 업종별 회계기준의 정립도 필요하다.

다만, 특구의 확대 및 발전 단계별로 재무정보 이용자의 재무정보 요구수준에 맞춰 준비해야 하며, 남측의 일반기업회계기준과 한국채택국제회계기준 도입 과정을 참조하면 많은 도움이 될 것이다. 북측회계는 기본적으로 정부의 재정관리 수단으로 재정수입 확대를 목표로 운영되고 있으나, 회계는 투자자와 채권자 등 다양한 재무정보 이용자에게 의사결정에 유용한 정보를 제공하는 역할이 중요하므로 궁극적으로는 국제적 정합성을 갖춘 회계기준을 도입하는 것이 북측이 향후 특구 및 경제개발구 개발을 촉진하고 외자유치를 위한 활동에도 도움이 될 것이다.

또한 회계 전문 인력 양성도 필요하다. 북측 인원의 시장경제원리의 기반인 회계제도 및 실무에 대한 학습을 통해 기업의 경영방식과 회계제도에 대한 전반적인 이해를 제고해야 하며, 양성된 회계 전문 인력은 국제적 정합성을 갖춘 재무정보 제공을 위한 기반이 되어 성공적인 특구 개발 및 운영은 물론 남북경제협력의 발전에도 기여할 것으로 기대된다. 이를 위해, 남측의 회계 전문 인력 양성 경험과 시스템을 통한 회계 분야의 남북교류협력 강화가 필요하고, 양성된 북측 회계 전문 인력의 기업실무에 대한 적극적인 참여가 필요하다고 생각된다.

개성공업지구는 북측의 주권과 법이 전면적으로 적용되는 경제특구인 동시에 경제활동에 대해서만 '공업지구법'과 '시행규정 및 시행세칙', '준칙'에 따라 운영되는 양면성을 가지고 있다. 향후, 남측에 의해 개발되는 경제특구는 투자기업의 대부분이 남측 기업이라는 점을 고려해 중국의 선전深川 경제특구가 중앙정부로부터 수권입법권을 부여받아 자체적인 법규제정권을 가진 것처럼 일정 시점까지는 남북이 공동으로 특구에 맞는 법규를 협의하여 진행하는 방안도 검토해야 한다고 생각된다.

- **강희천 공인회계사**는 서울대학교 경영학과를 졸업하였다. KPMG 산동회계법인 및 삼정회계법인에서 회계감사 및 경영자문 업무를 수행하였고, 2009년부터 대주회계법인에서 근무하면서 개성공업지구 입주기업에 대한 회계감사, 세무자문, 경영자문 업무를 담당하고 있다.
- **박정수 공인회계사**는 중앙대학교 회계학과를 졸업하였다. 삼정회계법인에 입사하여 외부감사, 컨설팅 및 개성공단 회계검증 등의 다양한 업무를 하였다. 현재 삼정회계법인 소비재유통본부 파트너로 재직 중이다.
- **윤문수 팀장**은 중앙대학교 경영학과를 졸업하고 1996년부터 산동회계법인 등에서 근무한 후, 2005년 개성공업지구관리위원회 법무지원부장 등을 거쳐 현재는 개성공업지구지원재단 재무운영팀장을 맡고 있다.

한반도 신(新)경제구상하의 남북회계협력 추진 방향

임을출_경남대학교 극동문제연구소 교수

한반도 신경제구상의 실천을 위한 첫 걸음은 이미 떼였다고 볼 수 있다. 무엇보다 한반도 신경제구상은 남북정상 간의 4.27 판문점 선언과 9월 평양공동선언을 통해 의미 있는 진전을 시사하고 있기 때문이다. 한반도 신경제지도 구상은 4대 핵심정책을 기반으로 하고 있다. 즉 환동해·환황해·접경지역 개발을 통한 한반도 균형발전과 북방경제와의 연계강화로 성장잠재력 확충을 도모하기 위한 3대 경제·평화벨트 구상과 하나의 시장협력으로 구성되어 있다. 향후 남북교역과 경협이 재개되고, 확대발전되는 상황을 맞이하게 될 경우 성공적인 결과를 도출하기 위해서는 세무, 회계 분야 등의 법제도 정비와 개선이 필수적으로 이뤄져야 한다.

남북경협의 목표는 '한반도 신(新)경제구상' 실현

문재인 정부는 남북 간 '상호 신뢰'와 '호혜성'에 기반을 둔 경제협력을 증진시켜, 우리 경제의 새로운 활로를 확보하고 북한의 변화와 북한 주민의 삶을 실질적으로 개선하고자 한다. 이를 통하여 남북한 공동 번영의 경제적 토대가 마련되고, 경제통합의 기반을 다져 나갈 수 있을 것으로 본다. 남북한을 넘어, 중국·러시아 등 동북아 이웃 나라와 경제적으로 연결되는 다양한 분야의 협력사업을 통하여 한반도와 동북아에 평화와 번영의 새로운 경제질서를 창출하고자 한다.

문재인 대통령은 여러 차례 '한반도 신新경제구상'과 '신新북방경제비전'을 밝힌 바 있다. 한 축에서는 동북아 경제공동체의 바탕을 다져 나가고, 다른 한 축에서는 다자간 안보협력을 구현할 때, 동북아의 진정한 평화와 번영을 시작할 수 있다는 것이다. 문 대통령은 2017년 7월 6일 독일 쾨르버재단 초청연설에서 이렇게 밝혔다. "북핵문제가 진전되고 적절한 여건이 조성되면 한반도의 경제지도를 새롭게 그려 나가겠습니다. 군사분계선으로 단절된 남북을 경제벨트로 새롭게 잇고, 남북이 함께 번영하는 경제공동체를 이룰 것입니다. (중략) 남과 북은 대륙과 해양을 잇는 교량국가로 공동번영할 것입니다. (중략) 그때 세계는 평화의 경제, 공동번영의 새로운 경제 모델을 보게 될 것입니다." 이 연설은 한반도 신경제구상의 비전과 목표를 명확하게 제시한 것이라 할 수 있다. 문 대통령은 지난 2015년 8월 15일 민주당 대표 시절 이 구상을 처음 발표하면서 광복 100년을 맞는 새로운 대한민국의 꿈이라고 표현했다. 우리는 대륙과의 협력을 통해 남북의 새로운 미래를 만들어 나갈 수 있다는 것이다. 문 대통령은 베를린 연설에서 "군사분계선으로 단절된 남북을 경제 벨트로 새롭게 잇고 남북이 함께 번영하는 경제공동체를 이룰 것이다. 끊겼던 남북 철도는 다시 이어져 부산과 목포에서 출발한 열차가 평양과 베이징으로, 러시아와 유럽으로 달릴 것이다. 남·북·러 가스관 연결 등 동북아 협력사업들도 추진될 수 있을 것"이라고 밝힌 바 있다. 신경제지도는 남북이 공존하며 공영하는 하나의 시장을 형성, 새로운 경제성장 동력을 창출하고 더불어 잘사는 남북 경제공동체를 만들려는 구상이다. 3대 경제 벨트 구축을 통하여 우리의 경제 영역을 대륙을 넘어 세계로, 미래로 도약하고자 한다. 남북 간, 동북아 국가 간 상호 경제적 협력관계를 만들어 나감으로써, 북핵문제의 해결뿐 아니라 한반도의 군사적 긴장을 완화하고 다자간 안보협력을 증진시키는 데도 기여할 수 있다.

문재인 정부 출범 당시만 해도 남북관계 개선에 대한 기대감이 매우 낮았는데, 문 대통령은 북한의 미사일 도발이 이어지고 있는 상황에서도 한반도의 냉전구조를 해체하고 평화정착에 대한 의지가 담긴 신베를린 구상까지 발표하였다. 문 대통령은 한반도에 새로운 경제지도를 그리겠다고 선언하면서 남북한이 함께 번영하는 경제협력은 한반도 평화정착의 중요한 토대라고 규정하였다. 남·북·러 가스관 연결 등 동북아 협력사업들도 추진될 수 있을 것이라고 밝혔다. 남과 북은 대륙과 해양을 잇는 교량국가로 공동번영할 것이라면서 남과 북이 2007년 노무현 정부 때 합의했던 '10.4 정상선언'을 함께 실천하기만 하면 된다고 이행방법까지 제시했다. 또한 여건 조성 시 개성공단 정상화 및 금강산 관광을 재개하고 남북 공동 자원활용을 위한 협력을 추진하겠다는 의지도 표명했다.

이에 따라 정부는 일관되게 한반도 평화조성을 위하여 개성공단을 재개할 필요가 있다고 밝혔다. 개성공단이 남북관계 개선과 한반도 평화조성 과정에서 가지는 가치를 감안할 때, 우선적으로 재개할 필요성이 있다는 것이다. 다만, 재개를 위해서는 비핵화를 위한 대화국면이 조성되는 등 북핵 상황에 진전이 있어야 할 것이라는 조건을 달았다. 정부는 개성공단 북한 측 근로자 임금이 핵미사일 개발에 전용된다는 근거가 없다고 밝힌 데 이어, 단서를 달았지만, 개성공단 재개 필요성을 밝힌 것이다.

문재인 정부는 성장동력을 찾지 못하고 경제위기에 직면하면서 경제활동 영역의 확장을 아주 시급한 과제로 인식하고 있다. 남북관계를 어떻게 만들어 가냐에 따라 국민들의 먹고사는 문제를 해결할 수 있는 방안을 찾을 수 있다고 본 것이다. 정치적 통일에 얽매일 것이 아니라 남북이 먼저 경제공동체를 이뤄야 잘 살 수 있다는 것이다. 이런 배경 아래에서 등장한 한반도 신경제구상은 북핵

문제 해결과 함께 대북정책의 핵심으로 남북경협과 동북아경협의 비전과 방향을 담고 있다. 이 구상은 분단으로 갇혀 있는 우리 경제의 영역을 북한으로, 대륙으로 확장하여 대한민국 경제활로를 개척함으로써 새로운 성장동력을 찾아내고, 이를 토대로 동북아 평화정착과 공동번영을 달성하자는 것으로 문재인 대통령의 통일 비전이자 경제 비전이라 평가된다. 한반도가 나아가야 할 청사진의 성격을 내포하고 있는 셈이다.

그러나 현실은 한반도 신경제구상을 추진하기가 어려운 환경이다. 북한의 연속적인 핵미사일 개발과 시험발사로 국제사회의 제재가 촘촘하게 짜여 있기 때문이다. 그러나 문재인 정부는 여건을 능동적, 주도적으로 조성하여 한반도 신경제구상을 중심으로 남북 경제공동체 기반을 구축해 나갈 계획이다. 경제 분야는 물론, 남북 주민 모두에게 도움이 되는 교류협력을 확대함으로써, 남북 공동체를 만들어 나가겠다는 것이다. 지금 우리 경제는 저성장 · 저출산 · 고령화 현상의 심화로 점차 활력이 줄어들고 있다. 이를 극복하려면 당장 새로운 성장동력을 확보하는 것이 매우 절실하다. 남북경협은 경제주체들의 진취적인 기업가정신을 일깨우고, 비즈니스 활력을 제고하는 데 도움이 될 것이다. 나아가 남과 북이 경제적으로 하나로 연결된다면, 대륙과 해양으로 뻗어 나가는 새로운 경제지도를 그릴 수 있을 것이다. 이를 통하여 남북한과 주변 국가들 간 경제적 이해가 증진된다면, 갈등과 분쟁을 평화적인 방법으로 해결하는 데 기여할 것이다. 이런 문제의식 아래 문재인 정부는 평화와 경제 협력의 선순환을 통하여 한반도를 넘어 동북아까지 아우르는 평화와 공동번영의 질서를 창출하고자 한다. 평화가 경제협력을 보장하고, 경제협력이 평화를 한 단계 더 발전시키는 관계 속에서 평화와 번영을 달성하고 촉진시킬 수 있을 것이다. '공동번영'은 남과 북이 호혜적 협력의 가치를 공유하고 실천해 나감으로써, 함께 번영하는 한반도를 지향하고 있다. 경제협력의 범위를 한반도에 한정하지 않고, 동북아 이웃 국가로 확장한 '공동번영'을 추구한다. 평화와 경제가 선순환되는 관계 속에서만 '공동번영'을 이루어 나갈 수 있다.

한반도 신경제구상의 실천을 위한 첫 걸음은 이미 떼였다고 할 수 있다. 무엇보다 한반도 신경제구상은 남북 정상 간의 '4.27 판문점선언'과 '9월 평양공동선언'을 통하여 의미 있는 진전을 시사하고 있다. 남북 정상은 2018년 9월 평양에서 만나 '판문점선언'의 철저한 이행을 비롯하여 남북관계를 새로운 높은 단계로 진전시켜 나가기 위한 실천적 대책을 논의하고 합의했다. 평양공동선언 내

평양공동선언

2. 상호호혜와 공리공영의 바탕 위에서 교류와 협력을 더욱 증대시키고 민족경제를 균형적으로 발전
   시키기 위한 실질적 대책 강구

① 금년 내 동, 서해선 철도 및 도로 연결 착공식 개최
② 조건이 마련되는 데 따라 개성공단과 금강산관광사업을 우선 정상화, 서해경제공동특구 및 동해관
   광공동특구 조성 문제 협의
③ 자연생태계 보호·복원을 위한 환경협력을 적극 추진, 우선적으로 현재 진행 중인 산림 분야 협력의
   실천적 성과를 위해 노력
④ 전염성 질병의 유입 및 확산방지를 위한 긴급 조치를 비롯한 방역 및 보건의료 분야 협력 강화

2부 우리는 무엇을 해왔는가?

용 가운데 경제협력 관련 합의인 제2조 제1항~제4항은 국제사회의 제재를 고려하고, 북한 측의 우선적인 정책적 수요를 감안해서 나온 것으로 현재는 물론 미래에도 남북경협을 선도하는 역할을 할 것으로 전망된다.

'한반도 신경제구상'의 핵심 얼개

한반도 신경제구상은 4대 핵심정책을 기반으로 하고 있다. 즉, '환동해 · 환황해 · 접경지역 개발을 통한 한반도 균형발전'과 '북방경제와의 연계강화로 성장잠재력 확충을 도모하기 위한 3대 경제 · 평화 벨트 구상'을 비롯하여 '남북한 상품 및 생산요소의 자유로운 이동을 제약하는 요인을 점진적으로 제거하여 시장의 확대를 도모'하고, 이를 통하여 '남북한 주민 전체의 후생을 증진'하면서 궁극적으로는 하나의 시장을 통합하는 하나의 시장협력으로 구성되어 있다. 단기적으로는 북한 내부의 시장화를 촉진하고 남북경협을 통하여 북한 전역 시장과의 연계성을 강화하고, 중장기적으로는 소비재 및 생산요소 시장통합을 지향한다.

3대 경제 · 평화 벨트 구상에는 △금강산, 원산(관광), 단천(자원), 청진 · 나선 지역(산업단지, 물류 인프라)의 남북 공동 개발을 통한 동해안과 러시아를 연결하는 동해권경제(관광 · 에너지 · 자원) 벨트 구축, △수도권(서울-인천-해주-개성), 개성공단, 평양 · 남포 · 신의주를 연결하는 서해안 경협 벨트 건설 및 경의선 철도도로 연결 및 현대화, 서울-베이징 고속교통망 건설 등을 통한 환서해(산업 · 물류 · 교통) 벨트 건설, △설악산 · 금강산 · 원산 · 백두산 관광 벨트 구축 및 DMZ 생태 · 평화안보 관광지구를 개발하는 접경지역평화벨트 등이 구체적인 실천과제로 포함되어 있다.

보다 구체적으로 살펴보면 첫째, 환동해 경제(에너지 · 자원) 벨트는 동해 연안을 중심으로 관광 · 교통 · 에너지 · 자원 벨트를 조성하자는 것이다. 금강산관광 재개와 설악산과 원산을 잇는 국제관광 협력사업, 나진-하산 복합물류 사업, 단천 자원개발 협력, 남 · 북 · 러 3각 에너지 협력사업 등이 포괄되어 있다. 금강산관광은 우리가 이미 경험해 본 사업이며 단천 자원개발도 과거에 초기 단계 협력에 성공한 사례이다. 나진-하산 복합물류 사업은 박근혜 정부에서 '유라시아 이니셔티브'의 일환으로 시행하다가 북한의 핵실험으로 중단된 상태이다. 따라서 정치안보적 상황이 개선되면 재개가 가능한 사업들이다. 이전 정부가 추진한 사업이라도 의미와 가치가 있는 사업은 계승, 발전시킬 계획이다.

둘째, 환서해 경제(물류 · 산업) 벨트는 수도권, 개성공단, 해주, 남포, 신의주를 연결하는 서해안 산업 · 물류 · 교통 벨트를 만들자는 것이다. 경의선 철도도로 연결 및 현대화, 서울~베이징 고속철도 건설 등 교통 인프라 건설 사업이 이에 해당된다. 또한 개성공단 재

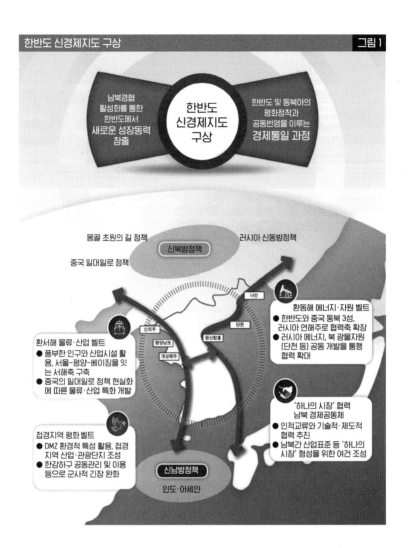

한반도 신경제지도 구상

그림 1

한반도 신경제지도 구상

남북경협 활성화를 통한 한반도에서 새로운 성장동력 창출

한반도 및 동북아의 평화정착과 공동번영을 이루는 **경제통일 과정**

몽골 초원의 길 정책

러시아 신동방정책

신북방정책

중국 일대일로 정책

나선

단천

신의주

평양남포

원산황홍

개성해주

환서해 물류·산업 벨트
- 풍부한 인구와 산업시설 활용, 서울-평양-베이징을 잇는 서해축 구축
- 중국의 일대일로 정책 현실화에 따른 물류·산업 특화 개발

환동해 에너지·자원 벨트
- 한반도와 중국 동북 3성, 러시아 연해주로 협력축 확장
- 러시아 에너지, 북 광물자원(단천 등) 공동 개발을 통행 협력 확대

'하나의 시장' 협력 남북 경제공동체
- 인적교류와 기술적·제도적 협력 추진
- 남북간 산업표준 등 '하나의 시장' 형성을 위한 여건 조성

접경지역 평화 벨트
- DMZ 환경적 특성 활용, 접경지역 산업·관광단지 조성
- 한강하구 공동관리 및 이용 등으로 군사적 긴장 완화

신남방정책

인도·아세안

가동과 경제특구 확장, 서해 평화경제지대 조성, 인천~개성~해주

를 잇는 서해 복합물류 네트워크 형성과 더불어 중국의 도시들을 연결하는 환서해 물류망을 구축하자는 구상이다.

셋째, 한강 하구부터 DMZ를 가로지르는 경기 북부 접경지역을 평화(생태·환경·관광) 벨트로 만들자는 구상이다. 박근혜 정부에서도 DMZ 평화생태공원 프로젝트가 추진되었지만 남북관계가 악화되어 결실을 거두지 못한 사례가 있지만 접경지역 평화 벨트 사업은 낙후된 경기 북부 지역과 인천, 강원도 접경지역의 발전을 위해서도 필요하다. 이 지역들은 생태 및 역사 관광 잠재력도 풍부한 곳이다. 평화안보 관광도 얼마든지 수요가 있다. DMZ 주변의 군사적 긴장이 완화되고 신뢰구축에 대한 조치가 만들어진다면 남북 공동 시장을 열 수도 있을 것이다. 이렇게 해서 '통일경제 시범 특구'를 조성하는 기반을 만들 수 있을 것이다.

한편, 북한 내부에서도 시장은 크게 확산되어 왔다. 따라서 시장을 매개로 남북 경제를 통합하는 방향의 경협도 모색해야 한다. 북한의 시장화를 촉진하는 방향에서 남북경협을 추진할 필요가 있는 것이다. 우선 과거에 활발하게 추진하면서 긍정적 성과를 보여 준 바 있는 소비재 중심의 위탁가공교역을 재개해야 한다. 북한 내 생필품 생산공장에 대한 기술·설비·원료를 지원하고 공동으로 자원을 개발하는 협력사업도 적극적으로 추진해야 한다. 남북이 경협의 범위와 대상을 점진적으로 넓혀 가다 보면 당연히 중국 동북 지역과 극동 러시아와의 경제적 연계가 이루어질 수밖에 없다. 중국의 일대일로 구상과 러시아의 신동방정책과 결합하여 지역 전체의 평화와 공동번영을 꾀할 수도 있을 것이다. 분단된 남북을 경제로 잇고, 하나로 이어진 한반도 경제가 북방으로 뻗어 나가 유라시아 경제와 만나게 되는 것이다.

요약하면 한반도 신경제구상은 동과 서, 그리고 동서를 잇는 이른바 'H 경제 벨트'를 조성해 장기적으로는 남북 시장 통합, 즉 경제통일을 이룬다는 것이다. 낙후된 남북 접경지역을 통일 경제특구로 만들어 평화와 경제적 이익을 확보하고, 더불어 남북 공동어로 구역이나 평화수역 등을 포함하는 서해 평화협력 특별지대를 조성할 수 있다. 이를 위해 남북관계 상황을 감안하여 여건이 조성될 경우 개성공단을 정상화하고 금강산 관광을 재개하는 방안이 우선적으로 추진될 것이다.

출발은 남북한 '하나의 시장' 협력으로부터

문재인 정부 대북정책의 핵심 어젠다인 '한반도 신경제구상'의 한 축은 하나의 시장을 위한 협력이다. 3대 경제평화 벨트 구상이 인프라 건설 중심의 하드웨어적 접근이라면 '하나의 시장' 협력은 소프트웨어적 접근을 지향하고 있다. '하나의 시장' 협력은 남북 간의 상품, 서비스, 생산요소 등의 자유로운 이동을 제약하는 요인을 점진적으로 제거함으로써 궁극적으로 시장을 통합하는 목표를 지향하고 있다. 남북 간 교역이나 투자협력을 통해 시장 확대를 도모하고, 새로운 투자처를 확보하게 되면 우리 경제에 활력을 불어넣을 수 있고, 소득과 고용 증대, 나아가 남북한 주민 전체의 후생을 증진시킬 수 있을 것이다. 나아가 북한 내부의 시장화를 촉진하고 남북경협의 확장을 통하여 북한 전체 시장과의 연계성을 강화하며, 중장기적으로 소비재 및 생산요소 시장통합을 도모할 수 있다.

하나의 시장을 위한 협력은 다음과 같이 점진적·다각적으로 추진될 수 있다. 즉, 남북 경제 교류협력 '생태계' 복원 → 북한 내부 시장 역량 강화 → 우리 상품의 북한시장 진출 → 소비재시장 통합 → 북한시장 전문역량 강화 프로젝트 시행 → 기술개발 분야의 협력을 통한 생산재시장 통합기반 마련 → 위탁가공사업 활성화를 통한 중간재시장의 통합 촉진 등이 추진될 수 있다. 남북 경제통일에 대비한 중장기적 과제로 자유무역협정의 일종인 포괄적 경제동반자협정^{CEPA}의 체결도 검토해 볼 수 있다.

무엇보다 우선적으로 '하나의 시장' 협력을 위해서는 북한시장의 성장과 발전을 촉진시키는 방향으로 추진되어야 한다. 그리고 이전에 활발하게 추진해 왔던 경공업 제품 중심의 위탁가공 교역부터 재개하는 방식으로 접근하고, 남한 측에서 원부자재를 공급하여 북한에서 생산된 제품을 남한으로 반입하는 형태를 통하여 생산과 소비 양 측면에서 시장협력을 강화해야 한다. 이런 협력이 원활하게 진행된다면 글로벌 저성장으로 인한 공급과잉 문제를 해소하는 새로운 수요를 창출하는데도 크게 기여할 수 있을 것이다. 북한 시장화 촉진과 관련한 핵심 고리인 소비-유통-생산(공급)과정에서 우리기업의 역할 확대가 매우 중요하다. 이를 위해서는 과거와 같이 북한 내 상품을 일방적으로 반입하는 데 머물지 않고, 우리 상품을 북한 내 시장에 공급하는 방안을 적극 모색해야 한다. 단기적으로는 개성공단을 포함, 북한 내 27개에 달하는 경제특구 경제개발구 진출을 통하여 이곳에서 생산된 제품을 북한 내 시장에 판매, 유통시키는 방안도 구체적으로 검토되어야 한다. 남북 정상 간 판문점선언과 평양공동선언에서 합의되고 추진되고 있는 철도 도로 연결 및 현대화 사업이 진전될 경우 육로 물류교통망이 연결되는 상황이 오기 때문에 인적·물적 교류가 획기적으로 늘어날 가능성이 크다. 따라서 인프라 및 경제특구·개발구 건설과 시장 간 협력이 상호 연계되어 추진되는 것이 바람직할 것이다.

북한의 시장화 진전을 고려하고, 과학기술 발전 추세 등을 감안한 새로운 패러다임에 의한 남북경협 방식이 모색될 필요도 있다. 지난 9년 동안 남북경협이 중단되면서 경협환경이 크게 변화, 특히 북한의 시장화 진전, 과학기술 발전 수준 등 내부 변화 상황을 고려한 새로운 접근이 요구된다. 북한 측은 기존의 노동집약적 생산협력 방식에서 기술집약적 생산협력으로 전환하기를 요구하고 있다. 북한경제가 현대과학 기술과 지식에 기반을 둔 경제구조를 새로 구축하는 방향으로 급속히 전환되면서 자연스럽게 남북교역이나 경협방식이나 내용의 변화가 불가피해진 셈이다. 남북한이 갖고 있는 다양한 경쟁우위의 요소를 혁신적 방법과 새로운 발상을 통하여 결합시켜 새로운 제품과 서비스를 창출하여 국제경쟁력을 확보하게 되면 남북한 동반성장이 가능해질 것이다. 더불어 북한의 관광자원과 남한의 고부가가치 서비스업 경험을 접목한 새로운 차원의 관광산업 진흥도 모색해 볼 만하다. 남한에서 필요로 하는 혁신의 실험, 새로운 기술의 적용, 신기술 인프라 구축 등 테스트베드$^{Test bed}$로서 북한의 가치와 역할을 적극 활용해야 한다. 이런 과정들이 순조롭게 진행된다면 신약개발, 드론·무인자동차 등 4차 산업혁명의 핵심기술 개발 및 상용화를 앞당기는 데 큰 도움이 될 것이다.

향후 남북 교역과 경협이 재개되고, 확대 발전되는 상황을 맞이하게 될 경우 성공적인 결과를 도출하려면 물리적 인프라와 더불어 법제도적 뒷받침이 반드시 수반되어야 한다. 하나의 시장협력을 내실 있게 추진하려면 무엇보다도 세무, 회계 분야 등의 법제도 정비와 개선이 필수적으로 이루어져야 한다. 이는 과거의 남북경협 추진 경험을 통해서도 관련된 풍부한 시사점을 얻을 수 있다.

최초의 시장협력 모델 '개성공단'

하나의 시장에서 만난 남북회계

개성공단 등 지난 시기 남북 간에 추진된 경협사업의 추진경험을 보면 회계의 중요성이 잘 나타난다. 본격적인 교류협력을 위해서는 회계제도의 정비가 필수적이다. 북한은 「개성공업지구법」이 제정된 2002년 이전, 즉 개성공업지구가 건설되기 이전부터 국제적 기준에 부합하는 회계제도 마련을 위하여 나름대로 고민해 왔지만 경험이 전무한 탓에 회계법을 구체적으로 정비하지 못했던 것으로 보인다. 남한의 기업경영에서의 회계는 재무회계, 원가회계, 세무회계, 회계감사로 나누어져 있지만 북한에서는 세무회계가 따로 없었다. 북한은 공식적으로 세금을 폐지한 나라이기 때문이다. 북한 당국은 1974년 4월 1일 「세금제도를 완전히 없앤 데 대하여」라는 최고인민회의 법령을 시행한 날을 이후에 '세금제도 폐지의 날'로 정하여 매년 기념하기도 했다. 세금이라는 명칭 대신 거래수입금, 국가기업이익금, 사회협동단체이익금, 봉사료수입금, 기타 수입금 등을 국가납부금 명목으로 정하여 국가예산의 원천으로 삼았다. 세금제도가 폐지되었으므로 회계결산 시 국가예산 납부의무 수행표를

사례분석 내용은 임강택 · 이강우, 2016, 《개성공단의 운영실태와 발전방안 : 개성공단 운영 11년(2005~2015)의 교훈》, 통일연구원 P.110~130, 참조 수정 보완.

작성하여 국가납부금을 계산한 것이다. 이것은 남한의 세무회계와 유사하다.

내각결정으로 1999년에 제정되고, 2005년 1월에 개정된 외국인 투자기업 재정관리규정 제3조는 "외국인투자기업의 회계는 외국인투자기업의 회계와 관련한 법규범에 따라 하여야 한다."라고만 규정하고 있었다. 2000년 5월 13일 내각결정 제35호로 채택되어 2005년에 수정된 라선경제무역지대 외국인투자기업 재정관리규정 제8조는 "외국인투자기업의 회계계산은 외국인투자기업, 외국투자은행의 회계계산과 관련한 법규범의 요구대로 하며 중앙재정기관이 정한 양식에 따라 한다."라고 규정하고 있다. 북한은 외국인투자기업을 위한 회계제도를 2005년 당시에는 마련하지 않은 것으로 보인다. 이후 개성공업지구 회계규정이 제정된 2005년 6월 이후인 2006년 10월 25일 「외국인투자기업회계법」을 제정했고, 2008년과 2011년 두 차례 수정, 보충이 이루어졌다.

개성공업지구 개발을 준비하면서 북한은 개발업자인 현대아산 등과 개성공업지구 회계규정에 대하여 여러 차례 논의했고, 실제 현대아산 측의 의견을 상당 부분 반영한 것으로 알려져 있다. 개성공업지구 관리위원회가 설립된 이후인 2005년 3월 14일 북한은 개발업자와의 논의의 결과물을 모아 '개성공업지구 회계문제'라는 문건을 개성공업지구 관리위원회에 보냈으며, 관리위원회와 협의를 거쳐 2005년 6월 28일 개성공업지구 회계규정을 채택하여 발표하였다. 북한은 2005년 봄에 '개성공업지구 회계문제' 문건을 보낼 때 '개성공업지구 회계검증문제'와 '개성공업지구 기업재정문제'라는 문건을 같이 보내 관리위원회와 협의를 거쳐 2005년 6월 28일에는 「개성공업지구 기업재정규정」을, 2005년 9월 13일에는 「개성공업지구 회계검증규정」을 발표하였다. 북한은 「개성공업지구 회계규정」을 발표한 후인 2006년 10월 25일에 비로소 「외국인투자기업회계법」을 채택했다고 하는데, 그 내용은 「개성공업지구 회계규정」과 거의 비슷한 것으로 평가되고 있다.

개성공업지구 「회계규정」은 기업이 회계처리 과정에서 지켜야 할 일반적인 사항을 규정하고 있다. 구체적인 사항은 「회계규정」 제8조에서 "공업지구관리기관은 이 규정에 준하여 공업지구 기업 회계기준을 작성하여야 한다. 이 경우 주요 내용을 중앙공업지구지도기관과 협의하여야 한다."라고 규정함으로써 관리위원회에 그 작성을 위임하고 있다. 이에 관리위원회는 2007년 6월 15일 남한 및 국제회계기준과 유사한 개성공업지구 기업회계기준을 제정, 공포하였다. 남한은 2009년부터 국제회계기준^{IFRS}을 전면 채택하고 있다. 개성공업지구 회계기준도 국제회계기준에 더 부합하도록 개정될 필요성이 있었다.

작성된 회계결산서는 2005년 9월에 채택된 「개성공업지구 회계검증규정」에 따르면 개성공업지구 회계검증사무소로 관리위원회에 의하여 선정된 남한 회계법인의 회계검증을 받아야 한다. 하지만 이는 2004년 11월에 내각결정으로 채택된 「외국인투자기업 회계검증규정」과 차이가 있다. 과거의 「외국인투자기업 회계검증규정」 제23조는 "회계검증원은 공화국 공민만이 될 수 있다."고 규정하면서 제24조로 "회계검증원의 자격은 회계검증원자격시험에 합격되어야 받을 수 있다."라고 규정하고 있으며, 나아가 제32조로 "회계검증기관은 기업이 있는 시, 군별로 조직하거나 지구별로 조직할 수 있다."라고 규정하고 있다. 당시 북한은 회계검증을 북한 인원으로 구성된 북한기관이 하는 것을 염두에 두었던 것으로 보인다. 그러나 이후 개성공업지구를 운영하면서 경험과 전문성 부족으로 북한 측 인사가 회계검증을 맡기가 쉽지 않아 결국 남한 측에 위임한 것으로 추정된다. 개성공업지구 회계검증규정이 제정된 후인 2006년 제정된 외국투자기업 회계법 제7조에는 북한 인원으로 회계검증을 한다는 내용이 삭제되고 "우리나라에 있는 외국투자기업 회계검증기관이 한다."라고만 규정하였다. 특히 2015년 제정된 외국투자기업 회계검증법 제3조에는 "중앙회계검증지도기관의 승인을 받은 경우에는 국제적으로 공인된 다른 나라 회계검증사무소나 공인회계사도 외국투자기업에 대한 회계검증을 할 수 있다."라고 규정하고 있는데, 개성공업지구의 경험이 반영된 것으로 보인다.

개성공업지구 회계검증규정에 따르면 총 투자액 100만 US$ 이상 등록기업 또는 전년도 판매봉사 수입금이 300만 US$ 이상인 영업소 등은 회계검증을 받아야 한다. 회계검증을 회피한 경우에는

1만 US$까지 벌금을 물리도록 규정되어 있다. 회계검증사무소는 2007년부터 2개가 선정되어 왔으며, 2년마다 재선정을 위한 절차가 진행된다. 북한은 2005년 봄에 관리위원회에 초안으로 보낸 '개성공업지구 회계검증문제'에서는 회계검증사무소를 1개 선정하도록 했지만, 이럴 경우 회계검증사무소의 잘못이 있어도 제재할 수 없고, 수수료의 산정에 있어 독점의 폐해가 나타날 수 있어 2개 이상씩 선정하는 것으로 변경되었다. 2009년 봄에는 2008년도 회계결산서에 대한 회계검증을 회피한 기업에 대하여 벌금이 실제 부과되는 사건도 발생하였다. 2008년 말, 2009년 초에는 개성공업지구 출입차단 등의 외부 변수가 발생하여 개성공업지구의 안정성이 위협받는 상황에서, 일부 기업이 회계검증을 회피하여 벌금이 부과된 것이다. 아래에서는 남북경협의 상징적 사업이라 할 수 있는 개성공단에서의 세무회계 관련 협력과 갈등 사례를 보다 구체적으로 살펴보겠다.

1) 개성공업지구 세금규정(2003.9.18.) 관련 이슈

개성공단의 세금 업무는 북한이 2003년 9월 18일 최고인민회의 상임위원회 결정 제1호로 채택한 「개성공업지구 세금규정」에 따라 처리된다. 북측은 세금규정 집행을 상세히 규정한 「개성공업지구 세금규정 시행세칙」을 2006년 12월 8일 중앙특구개발 지도총국 지시 제2호로 일방적으로 제정하여 시행을 시도해 오고 있다. 세금규정 제16조에서 세금과 관련하여 남북 사이에 맺은 합의서가 있을 경우에는 그에 따른다고 규정하고 있다. 세금과 관련된 남북 합의서로는 「남북 사이의 소득에 대한 이중과세방지합의서」(이하 「이중과세방지합의서」)가 있으며, 동 합의서에 따르면 남북의 어느 일방에 소재하는 기업의 발생소득에 대해서는 소득 종류에 따라 남북한 중 일방에서만 과세된다. 세금규정은 제2조에서 "이 규정은 공업지구에서 경제거래를 하거나 소득을 얻은 기업과 개인에게 적용한다. 기업에는 공업지구에서 영리활동을 하는 기업과 지사, 영업소, 개인업자가 포함된다."라고 규정하고 있다. 또한 세금규정 제3조는 "세무의 부과와 징수는 공업지구 세무서가 하며, 세무서에 대한 지도는 중앙특구개발지도총국이 한다."라고 규정하고 있다. 제6조는 세무등록과 관련하여 개인은 공업지구에 182일 이상 체류할 경우 과세권이 북측에 있음을 밝히고 있다.

「개성공업지구 세금규정」 제16조는 "세금과 관련하여 북남 사이에 맺은 합의서 또는 협정이 있을 경우에는 그에 따른다."라고 규정하고 있기 때문에 남북 사이에 맺은 「이중과세방지합의서」는 개성공단의 세금 문제에 우선적으로 적용된다. 「이중과세방지합의서」의 내용 중 개성공단 세금에 실제 적용되는 주요한 내용은 두 가지로 요약할 수 있다.

첫째, 이자소득세에 관한 것으로 「이중과세방지합의서」 제11조 제2항은 "이자가 발생하는 일방에서도 법에 따라 세금을 부과할 수 있다. 이 경우 세금은 이자총액의 10%를 초과하지 않는다."라고 규정하고 있다. 이는 개성공단 입주기업들의 투자금을 남측의 본사로부터 차입한 것으로 보고, 남측의 본사는 개성공단 기업으로부터 이자소득을 얻는 것이므로 이에 대한 세금을 북측에 납부하기 때문이다. 북측은 이자소득에 대한 세율을 「이중과세방지합의서」상 최대인 10%를 적용하였다. 이자소득세는 개성공단 입주기업의 투자액에 대한 것으로 규모가 크기 때문에 이자소득세는 실제 남측의 기업이 북측에 지급하는 세금 중 가장 큰 비중을 차지하고 있다.

둘째, 개인소득세에 관한 것으로 「이중과세방지합의서」 제14조는 "일방의 거주자가 상대방에 고정시설을 가지고 있거나, 그곳에 12개월 중 183일 이상 체류하면서 얻은 소득에 대한 세금은 상대방에서 부과할 수 있다."라고 규정하여 남측 주재원에 대한 북측의 과세권을 인정하고 있다. 실제 개성공단에서는 합의서 규정보다 하루가 적은 1년 중 182일 이상 체류하면서 근무하는 남측 주재원 들은 북한에 개인소득세를 납부하고 있다.

북측은 2006년 12월 10일 세금규정을 실제로 집행하기 위하여 「개성공업지구 세금규정 시행세칙」을 일방적으로 제정하고, 남측에 협의를 요청한 바 있다. 북측이 제정한 시행세칙은 본질적으로 문제가 많아 남측에서 반대 의견을 제시하였다. 북측은 2012년 7월 18일에는 더욱 개악된 시행세칙을 남측에 일방적으로 통보하였다. 남측은 북측의 일방적인 시행세칙 적용은 수용할 수 없으며, 즉각 철회

할 것을 요청했으나, 북측은 시행세칙 제정권한은 북측의 고유한 입법주권이므로 이는 즉시 집행되어야 한다는 입장을 고수하면서 집행을 강요함에 따라 적지 않은 분쟁을 야기해 왔다. 시행세칙을 둘러싸고 북측과의 협의는 진전을 이루지 못한 채 현재는 중단된 상태이다. 북측이 세금규정의 구체적인 집행을 위하여 만들었다는 시행세칙은 문제점을 일일이 열거하기 어려울 정도로 문제가 많다.

2) 개성공단관리위원회의 세무 업무 대행

북측은 2005년 3월 9일 「개성공업지구 세금규정 집행을 위한 잠정사업절차」라는 것을 만들어 개성공단관리위원회에 통보하면서, 일정기간 세금 업무를 관리위원회에서 맡아서 해달라고 알려왔다. 이에 따라 관리위원회는 개성공단에 북측 세무서가 설치되기 이전까지 세금 관련 업무를 담당하게 되었다. 이 시점은 입주기업의 수도 많지 않았고, 기업소득세도 이윤이 발생한 이후 5년간 면제여서 과세할 기업이 없었다는 점 등에서 북측도 세금징수에 큰 관심이 없었기 때문에 세금을 둘러싼 분쟁은 거의 발생하지 않았다. 또한 북측 입장에서는 세금이라는 개념 자체가 익숙지 않았기 때문에 처음부터 북측이 직접 하기보다는 관리위원회에 위탁하여 일종의 학습 또는 적응 기간으로 삼은 것으로 생각된다. 그러나 관리위원회는 북측 세무회계 실무자를 양성하는 것이 중요하다고 판단해 개성공단의 세무회계 실무를 담당할 북측 관계자에 대한 해외연수

교육을 중국 선전深川에서 실시하였다. 2005년 11월 5일부터 12월 21일까지 주 5일, 1일 6시간으로 4개 과목(기업경영·회계·세무·금융)의 전문 강사를 초빙하여 실시하고, 토요일에는 선전공단의 산업현장을 직접 방문하여 공단의 개발운영 현황을 보고 배우면서 시장경제, 자본주의에 대한 간접교육의 계기로 활용하였다.

3) 북측의 요구로 개설된 '개성공단 회계검증사무소'

개성공단 기업의 회계투명성 부족문제가 북측으로부터 제기됨에 따라 회계투명성을 높이기 위하여 남측 회계법인을 대상으로 공모·평가 절차를 거쳐 2007년 7월 2개의 회계법인을 개성공단 회계검증사무소로 선정하였다. 이들은 개성공단에 직원을 상주시키며 기업에 대한 회계장부 작성 및 기업 창설·해산 시의 회계검증, 매년도 결산보고서에 대한 회계검증, 컨설팅 등의 업무를 수행하였다. 2007년에 71개 기업(영업소 제외)이 회계검사를 완료했으며, 2008년에는 110개(영업소 8곳 포함) 기업 중 100여 개 기업이 회계검사를 완료하였다. 이후 2009~2010 회계연도의 회계검증을 수행할 신규 회계법인 공모를 거쳐, 최종적으로 1개사를 추가하여 총 3개의 회계검증사무소를 두게 되었다. 회계검증사무소가 3곳으로 늘어나자, 기존에는 월 4~5회 기업을 방문하는 형식으로 회계검증 업무를 수행하던 것을 2013년 2월부터는 개성공단 내 종합지원센터 내에 회계검증사무소를 설치, 운영함으로써, 기업들의 회계검증 관련 상시 서비스를 제공할 수 있게 되었다. 그러나 회계검증사무소는 기본적으로 개성공단 기업과 남측 본사 간의 거래를 투명하게 함으로써 세금회피를 방지하기 위한 목적이었다는 점에서 기업들의 반응은 부정적이었다. 입주기업들은 회계검증사무소를 북측의 이익증대를 위하여 봉사하는 감시자로 생각하는 경향이 있었다. 따라서 회계검증사무소의 개성공단 입주 자체를 반대했으며, 입주 후에는 회계검증사무소의 활동에 비협조적이었다. 회계검증사무소 설치 이후 회계검증으로 인하여 회계검증 대상업체의 회계투명성은 크게 개선되었으나, 북측은 회계검증 제외 업체 등에 대한 세금 문제와 관련된 회계투명성 문제를 지속적으로 제기하였고, 이에 대한 북측의 문제 제기는 개성공단의 가동이 중단되는 시점까지 이어졌다.

회계를 둘러싼 남북갈등

개성공단의 회계투명성 확보를 위하여 개성공단 본격 가동 이후 2005년 6월에 회계규정, 기업재정규정, 회계검증규정 등 3개의 「개성공업지구법」 하위규정을 제정했고, 관리위원회 차원에서도 2007년 6월 기업회계기준, 감정평가기준, 회계검증준칙, 회계검증기준의 4개 규정을 마련하고, 2007년부터 개성공단에 남측 회계검증사무소가 입주하는 등 일련의 제도적 조치들이 시행되었다. 북측은 개성공단 가동 이후 입주기업들의 회계투명성에 대하여 불신하며 끊임없이 문제를 제기해 왔다. 북측이 개성공단 기업의 회계투명성과 관련하여 주로 제기해 온 문제는 세금 미납 후 철수기업 문제, 미등록 업체 문제, 라인임대 문제, 임가공 단가 과소책정 문제를 들 수 있다.

세금 미납 후 철수기업 문제는 개성공단 개발 초기 단계부터 발생한 문제로 개성공단 건설공사 과정에서 하청을 받은 소규모 건설업체들이 공사를 마친 후 세금을 납부하지 않은 상태에서 남측으로 귀환한 사례가 많았다. 북측은 사후에 이를 인지하고 이들에 대한 세금을 징수하려고 해당업체 등에 자료요구 등 협조를 요청했으나, 성과를 거두지 못하면서 남측 기업들에 대한 불신을 표출하기 시작하였다. 미등록 영업소 문제는 개성공단의 규모가 커지면서 개성공단을 대상으로 각종 시설장비 수리, 간식·부식 및 생활용품 공급 등을 목적으로 한 개인사업자가 우후죽순 늘어나기 시작하였다. 이들은 보통 개성공단에 공식적인 영업소 등록을 하지 않은 상태에서 단기간에 남북을 왕래하며 영업활동을 하였다. 북측은 이들에 대해서도 영업세 징수를 시도했으나, 이들이 개성공단에 등록이 되어 있지 않은 미등록 업체여서 법적으로나 현실적으로나 세금을 징수하기가 어려웠다. 이후 북측이 「세금규정 시행세칙」을 제정하면서 이들에 대하여 세금을 부과하는 다양한 조항을 신설하게 되는 사례로 보아 미등록 업체 문제는 남측 기업에 대한 북측의 불신을 더욱 증폭시키는 요인이 되었다.

라인임대 문제는 개성공단 입주기업이 남측의 다른 기업에게 북측 근로자와 생산라인을 함께 임대한 데서 발생했다. 이는 입주기업이 북측의 근로자를 가급적 많이 확보한 상태에서 기업의 경영상황에 따라 생산을 축소할 경우 남는 유휴인력을 활용하기 위한 방편으로 시작된 것이다. 개성공단 입주기업 입장에서는 유휴인력을 활용하여 수익을 올릴 수 있는 이점이 있고, 임대를 받는 남측 기업의 입장에서는 개성공단의 값싼 노동력을 활용하여 생산을 할 수 있는 이점이 있다. 라인임대가 이루어지는 업종은 주로 노동집약적이고, 인건비에 의존하는 업종으로 쇼핑백 제조나 봉투 붙이기 등 단순한 작업이 주종을 이룬다. 의류봉제 업종에서는 공정의 일부를 떼어서 라인임대가 이루어지기도 한다. 이런 라인임대는 개성공단 입주기업이 본연의 생산활동보다는 라인임대를 통한 임대료수입에 열을 올리게 만들고, 부족한 북한 근로자에 대한 과다수요를 창출하며, 영세한 라인임대기업을 양산함으로써 개성공단의 영세화를 촉진하는 등 심각한 부작용을 가져왔다. 북측은 남측의 라인임대기업이 개성공단에 공식 등록한 기업이 아닌, 미등록 상태임으로 세금의 미납, 산재사고 발생 시 책임 소재 불분명 등 많은 문제를 유발시켰고 기업경영의 투명성을 해친다며 관리위원회 등에 라인임대를 근절해 줄 것을 강하게 요구하였다.

이에 따라 남측은 관리위원회를 통해 주기적으로 라인임대가 의

심되는 기업의 현장방문을 실시하여 의심기업 19개사를 조사한 바 있다. 이 가운데 라인임대로 판명된 기업에 대해서는 노동력 우선 공급 대상에서 제외하고, 재발 시 관계기관에 조사의뢰하여 개성공단 출입제한 조치 등을 취하였다. 그러나 현장방문을 통한 시정조치에는 한계가 있었다. 라인임대를 하는 개성공단 입주기업과 이를 임대받는 남측 기업의 밀착관계로 인해 라인임대 인지 여부를 판명하는 것은 어려운 문제였기 때문이다. 라인을 임대받은 남측 기업의 근로자는 개성공단 입주기업의 실제 직원으로 등록된 경우가 대부분으로 현장에서 라인임대로 의심되는 경우를 발견하더라도 기업이 자기의 정상적인 생산활동이라고 주장했기 때문이다. 따라서 라인임대 여부를 제대로 판명하려면 라인임대가 이루어지는 기업 간의 계약관계를 면밀하게 분석해야 판단이 가능하다고 볼 수 있다. 이러한 현실적인 어려움으로 인해 은밀하게 이루어지는 라인임대는 근절되지 못하고 개성공단 가동이 중단될 때까지 이루어졌으며, 북측은 라인임대기업의 명단을 공개할 것을 요구하는 등 계속 불신했다.

임가공 단가에 대한 과소책정 문제는 북측이 개성공단 입주기업이 남측의 모기업과 특수 관계에 있고, 개성공단에서 생산된 제품을 비정상적으로 낮은 가격에 납품, 실제 개성공단 입주기업의 이윤을 적게 함으로써 기업소득세를 탈세하고 있다는 북측의 문제제기에서 비롯되었다. 북측이 다른 나라들과의 임가공 사례에 준하는 가격으로 임가공 단가를 산정하고, 세금을 부과하겠다고 주장하는 것으로, 한마디로 북측이 임가공 단가를 추정하고 그에 따라 세금을 부과하겠다는 것이다. 북측은 2012년 수정한 「세금규정시행세칙」 제9조에서 "기업은 거래계약 시 임가공 단가를 포함한 제품의 단가 및 변동표, 산정 근거서류를 생산에 앞서 제출하여야 한다. 이 경우 제품 단가의 정확성이 담보되지 않는다고 판단되는 경우에는 세무서의 추정판단에 따라 임가공 단가를 정할 수 있다."라는 조항을 신규로 추가하여 북측 세무서가 임가공 단가를 임의로 추정할 수 있도록 하였다.

개성공단 입주기업들은 전반적으로 정상적인 가격으로 남측에 납품하고 있었을 것이나, 일부 기업은 임가공 단가를 과소 책정하는 사례도 있었다. 임가공 단가에 대하여 북측이 지속적으로 문제를 제기함에 따라 2007년부터 남측의 회계검증사무소를 개성공단에 입주시키는 등 투명성 증대를 위해 노력했으나, 이 또한 임가공 단가의 투명성 확보에는 한계가 있었다. 즉, 임가공 단가를 투명하게 산출하려면 개성공단 입주기업의 생산자료는 물론, 남측 본사와의 거래 관련 자료가 충분히 확보되어야 원가분석 등을 통하여 정상적인 임가공 가격의 산정이 가능함에도 불구하고, 기업 측의 비협조와 자료 부족으로 심도 있는 원가분석 등을 통한 임가공 단가의 책정은 이루어지지 않았다. 개성공단 입주기업은 생산공장이었기 때문에 기업경영에 관한 자료를 확보하기 어려웠다.

세무의 투명성이 획기적으로 개선되지 못한 상황이 지속되자 북측은 남북 당국 간 회담에서도 임가공 단가의 과소책정 등을 예로 들면서 "개성공업지구는 무법, 비법천지가 되었다."며 노골적으로 불만을 표출하였다. 2013년 9월 4일 개최된 개성공단공동위원회 내 투자보장 분과위원회 제1차 회의가 열렸을 때 북측은 개성공단 투자에 대한 검증체계가 수립되어야만 상사중재위원회 기능이 가능하다며, 회계투명성 문제를 상사중재위원회 가동의 조건으로 내세웠다. 2013년 11월 13일 개최된 제2차 분과위에서는 기업등록과 세무등록이 명확하지 않은 다수의 기업이 탈세행위를 저지르고 있으며, 공업지구 법률제도의 혼란을 일으키는 요인이 되고 있다고 주장하며 기업활동이 투명하게 이루어지도록 제도적 장치를 마련해 줄 것을 요구하기도 하였다.

2014년 3월 13일 개성공단의 분쟁해결을 위한 상사중재위원회 구성운영 문제를 협의하기 위하여 개성공단 상사중재위원회 제1차 회의가 열렸다. 여기에서 북측은 상사중재의 대상 기업과 개인의 범위에 대하여 "세금을 체납하거나, 임금을 체불하거나, 개성공업지구에 등록되지 않은 기업은 상사중재의 대상이 될 수 없다."며 이들을 상사중재 대상에서 배제해야 한다고 주장하며 개성공단 세무투명성 문제를 상사중재위원회 구성운영과 연계하였다. 남측은 개성공단의 회계투명성 문제와 상사중재위원회는 별개의 문제라는 입장이었으나, 북측은 주장을 굽히지 않았으며 세무투명성 문제와 상사중재위원회 구성운영 문제를 사실상 연계함으로써 상사중재위원회 구성운영도 난관에 봉착했다.

북측은 2012년 7월 18일 기존 세금규정 시행세칙(2006.12.8)을 일방적으로 개정할 것임을 통보한 이후 이의 집행을 강행하면서 입주기업과 적지 않은 분쟁이 야기되었다. 세무행정에서 통일된 의견 없이 세무직원 성향에 따라 각기 다르게 집행되는 등 세무행정의 혼선이 극심하였다. 예를 들어, 북측 세무소는 2009년 5월 일부 기업들이 2008년 회계검증과 관련하여 "의도적으로 회계검증을 거절, 회피하였다."며 '의도적 회계검증 거절, 회피' 시 적용되는 벌금고지서를 37개사(5천 달러~1만 달러)에 발부하였다. 또한 2008년 회계연도 회계검증 시 북측 세무서는 여러 가지 증빙서류 등을 제때에 제출하지 않았다는 이유로 기업에 벌금을 부과하였다. 회계검증사무소의 검증결과 회계검증 지연의 원인은 기업들의 의도적인 거절이나 회피에 있지 아니함에도 불구하고 벌금을 부과한 사례로 기록되고 있다. 「회계검증규정」 제2조와 제8조에는 유형재산에 대한 감정평가는 회계검증사무소가 하도록 규정되어 있다. 「회계검증규정」 제24조에 따르면 기업이 새로 창설·통합·분리되거나, 총 투자액의 10% 이상을 재투자할 시 투자검증을 받게 되어 있으나, 일부 입주기업은 투자검증의 당위성에 대하여 인식하지 못하였다. 향후 개성공단이 재개될 경우 투자검증을 진행하기 위한 검증대상 및 범위설정을 보다 구체화하고, 특히 중고설비투자에 대한 감정평가

업무를 위해 개성공단의 상황을 고려하여 남측의 감정평가법인과 업무를 제휴하거나, 감정평가 업무를 추진할 별도의 감정평가사무소의 설치가 필요해 보인다.

개성공단 회계 갈등 사례가 주는 중요한 시사점은 회계제도 정비는 남한도 필요하지만 북한도 절실히 필요하다는 점이다. 북한 측 입장에서는 세무의 투명성 확보와 검증이 자신들의 수입확대와 밀접한 관련이 있기 때문이다. 결국 향후 남북경협이 재개될 경우 회계협력은 남북한이 서로 신뢰를 회복하고, 지속가능한 방식으로 비즈니스를 추진할 수 있는 중요한 밑바탕이 될 것이다. 남북한의 당국과 경제주체들이 회계협력의 필요성과 중요성을 인식하고, 함께 협력해야만 의미 있는 성과를 거둘 수 있다는 것을 경험을 통하여 얻은 셈이다.

남북회계협력의 필요성과 추진방향

하나의 시장을 위한 협력이라는 프레임 아래에서는 남북 간 무역 및 투자 확대, 남북한 협력을 통한 국제시장 진출이 중요한 목표이다. 이러한 목표를 달성하려면 먼저 북한 측 인력을 대상으로 국제기준에 대한 폭넓은 이해 및 운용능력, 무역역량, 외자유치역량 등을 제고시키는 것이 매우 중요하다. 이런 맥락에서 보면 남북한회계협력은 북한 측의 남북경협 및 국제협력 추진역량을 획기적으로 제고하는 데 크게 기여할 수 있다. 한반도 신경제구상의 실행과 관련하여 현 단계에서 가장 고민할 과제는 '대북지원 및 개발협력 재개 시의 투명성 확보'를 비롯하여, '남북투자 협력 재개 시 기업들의 경영자율성과 수익성 확보 방안의 모색', '철도·도로 현대화 등 인프라 개발을 위한 국내외 공적자금, 민간재원조달' 등이다. 이 모든 과제를 수행하는 과정에서 북한 스스로 혹은 남북협력을 통하여 회계제도를 정비하거나, 새롭게 구축해야 한다.

특히 북미 간 비핵화 협상이 진전되고 대북제재가 완화될 경우 남한기업뿐 아니라 다양한 나라의 기업들이 북한과의 경제협력을 추진할 것으로 예상된다. 이때 남한기업을 비롯하여 외국기업의 투자를 유치하고, 특히 개발금융 조달을 위해 국제금융기구와의 신뢰관계를 구축하려면 국제사회의 요구기준에 부합하는 굿거버넌스 정비가 필수적이다. 굿거버넌스$^{good\text{-}governance}$는 체제전환국가가 계획경제체제에서 시장지향적인 경제체제로 이행하고, 세계경제로 통합되는 데 있어서 핵심 이슈였다. 굿거버넌스는 투명하고, 책임질 수 있고, 폭넓은 참여를 허용하고, 공정한 자세로 공무를 담당하는 정부의 공공 분야 관리 역량으로 정의되고 있다. 세계은행은 굿거버넌스 가운데 법규범을 경제개발의 선행조건으로 제시, 특히 적절한 회계 시스템 정비를 필수적인 요소로 내세우고 있다. 이것이 공적 원조나 민간자본투자를 유인할 수 있는 핵심요소로 평가되기 때문이다. 또한 회계 시스템 정비는 국가의 발전전략 중 가장 중요한 2개의 목표인 민영기업 발전과 외자유치 수준을 높이는 데 필요한 조건이기도 하다. 따라서 북한 입장에서는 국제화된 회계제도와 시스템의 공유를 통해 필요한 회계 인프라 구축이 필요한 상황이다.

오늘날 북한은 사회주의 경제 강국 건설을 목표로 삼아 사회주의 자립적 민족경제의 토대에 기초하여 나라의 경제력을 세계적인 수준에 끌어올리는 것과 함께 대외경제 관계를 보다 높은 단계로 확대, 발전시키려 하고 있다. 이를 위해 북한은 다양한 외국투자유치 관련 법규를 새로 제정하거나 수정·보충해 왔고, 외국투자 절차를 간소화하고 외국투자기업에 편의를 제공하는 등 투자환경 개선을 위하여 나름대로 노력해 왔다. 특히 회계의 세계적 발전 추세와 국제재무보고기준, 국제회계기준을 자신들의 현실적 조건에 맞게 창조적으로 적용하여 투자가들에게 보다 유리한 경영활동 조건을 보장하고 회계정보를 이용하는 기업의 이익을 보호하려는 노력을 해온 것으로 파악되고 있다. 세계적으로 급속히 확산되고 있는 재무보고기준에 맞춰 투자가들의 이익에 부응하기 위한 연구사업을 벌이고 있으며, 외국투자기업에게 계산의 정확성을 부여하도록 하는 데 큰 관심이 있다고 스스로 밝히고 있다. 북한은 다양한 차원의 회계 인프라 개선에 나름대로 주력하고 있는 상황이다. 이는 국가적 차원, 기업체 차원의 재정관리사업의 개선과 밀접하게 연관되어 있다. 북한 기업들은 국가의 재정회계계산체계와 통일적인 계산방법

론의 요구를 실정에 맞게 구현하기 위한 내부계산체계를 수립, 계산절차와 방법을 적용하고 있다. 당의 정책적 요구와 실리보장의 측면에서 경영활동 자료를 분석하고, 보다 효율적인 기업관리 방안을 모색 중이다. 이는 북한도 남한기업을 포함하여 외국기업의 자본을 유치하는 데 있어서 회계의 중요성을 충분히 인식하고 있음을 방증하는 것이다.

향후 남북경협이 재개되어 개성공단이나 다른 지역에 남한기업이 합영·합작을 추진할 경우 남북회계 협력의 중요한 과제는 일정 수준의 경영자율화의 확보이다. 경영자율화 조치 중에는 남측에 의한 재무자료 작성 및 검증 기능이 포함되어야 한다. 과거 대북 투자 기업의 재무자료에서 발견된 문제점을 살펴보면 우선 북한 당국의 과도한 개입이 있었고, 고용과 임금 결정에서 경영자율성이 확보되지 못했다. 재무자료 작성에 대한 거부 정서도 강했다. 심지어 북한 측은 회계장부를 보여 주는 것을 수치로 여기는 경향이 있었다. 이는 기업경영의 정확한 진단과 경영효율화 제고에 큰 제약을 초래하였다. 앞으로 합영·합작 계약서를 작성할 때 경영자율화 조항을 명시해야 할 뿐 아니라 실질적인 회계검증 방안을 마련해야 한다. 북측의 회계 전문성과 신뢰가 충분히 확보되지 못한 상황에서 재무자료는 남측 회계법인에서 감사를 진행해야 신뢰성을 보장받을 수 있다. 이런 조치가 있어야 재무자료가 표준형식으로 작성되고 구체적인 정보를 담아낼 수 있다.

이렇게 될 경우 두 가지 추가적인 긍정적 효과를 기대할 수 있다. 첫째, 사회주의 경제의 폐단인 누수현상을 막을 수 있다. 재무자료 생산이 엄격하게 진행되어야 재고와 생산품에 대한 정확한 통제도 가능하다. 또한 경제특구 진출기업 또는 합영기업의 내실 있는 재무자료는 향후 북한 측의 외자유치 증대에 긍정적으로 작용할 것이다. 또한 북한이 국제회계기준을 따르도록 권유하고, 이에 따른 실익과 기대효과를 충분히 설명해야 한다. 특히 북한이 희망하는 대기업을 유치하려면 필수적인 과제임을 강조해야 한다. 현실과 이론의 간극이 존재하지만, 재무자료 생산과 관리는 매우 중요하다. 개성공단에 2005년 입주를 시작한 시범단지 업체 중 재무자료를 공개한 몇몇 업체가 2007년 흑자를 기록하며 경협의 긍정적 가치와 역할을 증명한 경험이 있다. 이때 재무자료가 근거로 제시되었기 때문에 객관적 평가가 가능했던 것이다. 앞으로도 이런 성과를 내려면 재무자료 생산과 감사를 정상적으로 진행해야 한다. 향후 경협을 확대해 본격 궤도에 오르면 재무분석의 기반을 더욱 공고하게 다져야 한다.

• **임을출 교수**는 경남대 대학원에서 국제정치학 박사 학위를 취득하였다. KOTRA에서 북한경제 및 남북경협업무를 담당하였고, 국정기획자문위원회 한반도 신경제지도 T/F 팀원 등을 거쳐 현재는 남북정상회담 민간자문단 위원, 청와대 국가안보실 정책자문위원, 통일부 정책자문위원으로 활동하며, 경남대 극동문제연구소에서 전임교수 겸 북한개발국제협력센터 센터장을 맡고 있다.

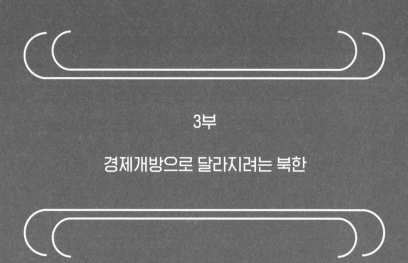

3부

경제개방으로 달라지려는 북한

최근 북한의 대내 경제정책과 회계

이석기_산업연구원 선임연구위원

김정은 위원장이 집권한 이후 북한은 큰 틀에서 김정일 시대의 경제 정책 노선을 유지하면서도 적지 않은 변화를 보이고 있다. 특히 시장에 대한 적극적인 정책기조를 유지하고 있으며, 이를 뒷받침하기 위해서 시장의 제도화를 추진하고 있다. 국유제를 유지하면서 계획과 시장, 국가와 기업의 역할을 재조정하고 있다. 그리고 국영기업의 시장경제 활동은 법적 기반을 상당할 정도로 확보하고 있으며, 시장은 계획화 체제의 핵심 요소의 하나로 인정받았다.

김정은 정권의 경제정책은 어떻게 다른가

김정은 시대의 경제관리체계의 개혁은 큰 틀에서 시장의 제도화라고 평가할 수 있다. 이러한 시장의 제도화가 중요한 변화인 것은 분명하지만 제도변화를 통하여 추구하는 목적인 경제회복 및 재정수입 확충이 충분히 달성되고 있는지는 미지수이다. 대북 경제제재 등 외부적 요인이 크게 작용하고 있을 뿐만 아니라 새로운 제도가 기업을 비롯한 북한의 경제주체의 행동을 충분히 변화시키지 못하고 있기 때문이다. 국영기업의 시장경제 활동을 공식적으로 승인하는 것을 주된 내용으로 하는 공식적 제도변화는 회계제도를 비롯한 관련된 경제제도가 같이 변화될 때에만 진정으로 효과를 거둘 수 있기 때문이다.

김정은 위원장은 집권 이후 큰 틀에서는 김정일 시대의 경제정책 기조를 유지하면서도 정책기조의 실천방식은 이전과 적지 않게 다르다. 1990년대 경제위기 이후 북한 중앙정부의 투자능력은 크게 약화되었다. 그러다가 김정은 위원장 집권 이후 북한 중앙정부는 제한된 투자역량을 효율적으로 활용하기 위해서 중앙정부의 역할을 전략적인 부문으로 제한하는 한편 시장을 비롯한 비국가 경제주체들의 역할을 보다 적극적으로 활용하고 있다. 이런 점에서 시장에 관한 정책 및 국가와 시장 간의 관계를 재조정하는 기업관리제도 개편은 김정은 위원장 시대에 북한 경제정책의 가장 새로운 측면이라고 할 수 있다.

경제정책의 변화를 꾀하다

1) 시장화를 수용하다

김정은 시대 시장화에 대한 정책기조가 김정일 시대와 다른 점은 과거 시장화를 수동적으로 용인하는 태도에서 벗어나 국가가 시장화를 적극적으로 수용하고, 활용하고자 한다는 점이다.

에너지 및 원부자재 공급 부족 등으로 국영기업의 가동률이 크게 저하된 1990년대 경제위기 이후 북한의 계획경제는 크게 위축될 수밖에 없었으며, 계획경제의 빈 공간을 시장이 메꿔 오고 있다. 그런데 북한 당국은 시장을 어쩔 수 없이 묵인했지만 경제사정이 다소 나아지거나 혹은 시장의 폐해가 두드러지게 나타나면 시장을 통제하려는 시도를 반복해 왔다. 2009년 말에 실시한 화폐개혁은 북한 주민들로부터 시장경제 활동에 필요한 북한 원화를 사실상 몰수함으로써 시장을 통제하려는 강력한 시도였으나, 이 조치는 경제적으로는 성공을 거두지 못하였다. 이후 북한 당국은 시장을 전면적으로 통제하거나 억압하려는 시도를 더 이상 하지 않고 있다.

단순히 시장을 용인하는 수준이 아니라 정부재정 확충이나 국산화 정책 및 과학기술 중시정책 등 산업정책 실현을 위하여 시장을 적극적으로 활용하고 있다. 즉, 무선통신시장이나 대도시의 고급 소비시장과 같이 새로운 시장을 외국자본의 유치 등을 통하여 주도적으로 창출하고, 이를 통하여 정부 재정수입을 확보할 뿐만 아니라 과학기술 확산을 위한 기반을 확충하였다. 예를 들어 북한 중앙정부는 체신성과 오라스콤사를 합작하여 고려링크를 설립하여 무선통신 서비스의 독점 공급자 역할을 하고 있으며, 무선통신 서비스 시장이 확대됨에 따라 수요가 늘어나는 단말기도 북한 당국이 독점적으로 공급하여 상당한 규모의 외화를 벌어들이고 있다. 무선통신시장뿐만 아니라 북한 당국은 태블릿 PC 등 ICT 제품이나 패스트푸드 등 고급 소비재시장을 창출하거나 촉진하고 있으며, 이 시장들에서 주도적인 역할을 하고 있다. 2019년 평양정상회담 시 문재인 대통령이 방문한 대동강 수산물시장도 국가가 주도한 고급 소비재시장이라고 할 수 있다.

이제 국가 혹은 공식 부문이 시장의 주요 행위자가 되었으며, '시장=민간', '계획=국가 혹은 공식 부문'이라는 구분도 의미가 크게 약화되었다. 그리고 이러한 시장화 기조는 국산화정책이나 과학기술 중시정책 등과 결합되어 북한산업의 최근 동향에 적지 않은 영향을 미치고 있다.

2) 국가의 역할은 어디까지

김정은 시대 북한 경제정책의 특징 중 하나는 중앙정부의 역할을 조정하고 있다는 점이다. 대규모 재원이 필요하고 시장을 활용할 여지가 상대적으로 적은 전력, 금속, 철도 등의 부문에서는 중앙정부가 여전히 투자 및 생산에서 핵심적인 역할을 담당하고 있지만, 소비재 부문에서는 국가가 직접 투자와 생산에 개입하는 영역을 축소하려는 경향이 나타나고 있다. 예를 들어 북한은 경공업 부문에서는 다양하고 질 좋은 소비재를 더 많이 공급해야 하는 것을 주요 목표로 설정하고 있으나, 국가가 모든 소비재 공급을 책임진다는 종래의 입장에서는 이탈하고 있는 것으로 추정된다. 북한의 재정능력이나 소비재 생산 국영기업의 역량 등을 감안하면 이는 불가능한 정책이다. 따라서 김정은 이후 북한은 시장화정책 및 국산화정책을 통하여 북한 내부에서 소비재 생산이 증가하도록 유도하는 정책을 쓰고 있는 것으로 추정된다. 이러한 정책기조의 전환과 함께 국가가 꼭 담당해야 하는 영역이나 김정은의 전반적인 정책기조에 따라 공급이 증가해야 하는 것으로 규정된 영역을 구체적으로 제시하고, 이 부문에 대해서는 국가가 주도하여 생산을 확대하는 방식을 채택하고 있는 것으로 보인다. 학생용품 및 식품 등이 그 대표적인 사례이다. 건설 부문에서는 보육원과 양로원, 교육시설 등이 여기에 해당된다.

국가는 소비재에 대한 보편적인 공급자로서의 역할을 포기하는 한편, 국가가 최소한 담당해야 하는 영역을 설정하고, 그 영역에서 제한된 재원을 투입하여 정책목표를 달성하고자 하는 것이다.

기업관리체계를 새롭게

1) 새로운 기업관리체계의 도입과정

　김정은 위원장은 김정일 사후 실질적인 권력을 승계한 직후부터 경제관리체계의 개선방안을 마련할 것을 지시했으며, 집권 직후인 2012년 초부터 개선안을 마련하기 위해 만들어진 상무조(일종의 T/F)에서 마련한 안을 기초로 하여 새로운 제도를 논의하고, 부문별로 시범안을 실시하였다. 이른바 '6.28 조치'는 이 과정에서 일부 내용이 북한 외부로 흘러나온 것이다. 정책의 실험단계를 거쳐 최종안이 확정되자 김정은은 2014년 5월에 소위 '5.30 담화'를 통하여 '우리식 경제관리방법'을 발표하였다. '우리식 경제관리방법'은 기업에 대한 새로운 관리제도인 사회주의기업책임관리제의 도입을 핵심으로 하여 대외무역, 농업, 재정금융 등의 각 분야에서 자율성 제고와 시장의 활용을 통하여 경제관리의 효율성을 제고하겠다는 내용으로 구성되어 있다. 그리고 2014~2015년에 「인민경제계획법」, 「기업소법」, 「재정법」, 「무역법」, 「농장법」 등의 법률과 「사회주의기업책임관리제 실시를 위한 독립채산제 규정」 등을 개정하여 '우리식 경제관리방법'의 법제화를 완료했으며, 2016년 7차 당대회에서 이 제도를 공식 선포하였다.

3부 경제개방으로 달라지려는 북한

2) 사회주의기업책임관리제란

사회주의기업책임관리제를 통하여 북한은 계획의 수립 및 수행과 평가, 가격의 책정 및 판매, 기업자금 조달과 사용, 기업소득의 배분, 생산조직과 고용, 설비투자 및 처분 등 국영기업 경영의 여러 측면에서 국가의 역할을 제한하고, 기업의 자율성을 크게 강화하였다. 사회주의기업책임관리제는 국영기업의 시장경제 활동을 공식적으로 승인하고, 국영기업이 시장을 적극 활용하여 생산과 투자를 증대시키고, 효율성을 높여서 성장하게 함으로써 경제의 성장 및 재정수입 확충을 도모하는 개혁이라고 할 수 있다. 이를 통하여 시장은 공식적으로 계획화 및 국영기업 관리체계에 편입되었다.

우선 계획화 체계의 개편을 통하여 기업의 자율성을 제고시키고, 국영기업의 시장을 대상으로 한 생산을 공식적으로 허용하였다. 「인민경제계획법」과 「기업소법」 등 기업관리 관련 법을 개정하여 국가가 기업에 하달하는 중앙지표의 수를 줄이고, 기업소 지표를 도입하여 기업이 자체적으로 개발한 지표를 계획에 반영할 수 있도록 하여 시장을 대상으로 한 기업경영 활동을 계획에 공식적으로 반영할 수 있게 하였다. 기업소 지표의 도입과 함께 수요자와 공급자간의 주문계약의 내용을 계획에 반영할 수 있게 하였다(확대된 계획권). 계획수행과 그 평가에서도 계획수행을 위한 중앙으로부터의 물자공급 여부 및 그 정도와 연계시켜 국가계획의 수행과 관련한 국가와 기업 간의 갈등요소를 완화시켰다.

둘째, 기업에 가격제정권과 판매권을 부여하였다. 국가가 원료 및 자재를 공급해 주지 못할 경우 기업이 이를 자체적으로 조달하여 생산한 모든 제품에 대해서는 기업이 가격을 결정할 수 있게 하였으며, 현물계획에 의하여 생산한 제품 중 공급처가 확정된 계획분을 제외한 거의 모든 제품을 기업이 자체적으로 판매할 수 있도록 하였다. 이를 통하여 시장가격이 공식적으로 승인되었다고 평가할 수 있다.

셋째, 기업소득의 배분 및 자금운영 측면에서 국가와 기업 간의 갈등요소를 제거하고, 기업의 자율성을 제고시켰다. 「재정법」을 개정하여 기업에 실질적인 재정관리권을 부여하였다(확대된 재정권). 기업소득분배제도를 종전의 순소득분배제에서 소득분배제로 바꾸었다. 기업은 판매수입의 총액에서 국가납부금 및 부동산 사용료 등을 납부하고 남은 자금에서 원가(종업원에 대한 생활비는 포함되지 않음)를 제하고 남는 소득을, 기업소가 자체적으로 노동보수몫(임금)과 자체충당금(기업소 기금)으로 사용할 수 있도록 개편하였다. 국영기업의 현금사용에 대한 통제를 크게 완화시켰으며, 현금을 합법적으로 입출입 할 수 있는 현금돈자리 제도를 도입하여 시장경제 활동에 수반되는 현금의 흐름을 합법화하였다. 또한 「주민유휴화폐 동원·이용에 관한 시행세칙」 등을 통하여 기업이 돈주를 비롯한 주민으로부터 자금을 조달하여 사용할 수 있도록 하였다. 비록 경상자금의 대부에 관한 제도이지만 그동안 불법이었던 국영기업의 주민자금 조달을 합법화한 점은 의미가 크다고 할 수 있다.

넷째, 「기업소법」을 개정하여 기업의 조직 및 고용 구조조정 가능성을 부여하였다. 기업은 실정에 맞게 관리기구를 조직하거나 통합·정리하며, 직제와 정원을 조절할 수 있게 되었다. 그리고 기업에 '노력조절권'을 부여했는데, 고용과 해고의 자유가 주어진 것은 아니며 '개별적인 노력이 불필요하거나 남을 시에 기업 상호간에 합의하여 노력을 내보내거나 받아들이는 조절사업'을 할 수 있도록 하였다.

다섯째, 설비투자와 설비의 처분에 대한 기업의 자율성도 강화시켰다. 기업 자체 자금에 따른 설비투자를 공식화했으며, 설비투자에 기여한 설비 등 고정자산에 대해서는 기업에 일정한 처분권을 부여하였다.

기업관리제도 개편은 성공적인가

제도개혁의 내용 및 그에 대한 내부평가는 현재 북한 경제운영의 실태를 반영한다. 물론 법이나 세칙 등 기업운영 관련 공식적인 제도의 변화가 바로 실제 기업운영 방식의 변화를 가져온다는 보장은 없다. 뿐만 아니라 기업의 자원배분에 대하여 국가가 직접적으로 개입하지 않겠다는 원칙이 지켜질지는 아직 알 수 없다.

다만, 제도개편이 집중되는 부문은 현실적으로 경제주체들이 그렇게 행동하고 있고, 공식적인 제도와의 갈등이 매우 커서 현실을 수용할 필요가 크거나 기존의 제도가 국가의 이해관계를 적절하게 반영하고 있지 못하여 수정할 필요가 있는 부문일 것이다.

따라서 법의 개정이나 새로운 경제관리체계에 대한 논의가 집중되는 부문은 현재의 경제운영 방식을 반영하고 있으면서 동시에 국가가 그러한 방향으로 제도가 변화되는 것을 허용하는 영역이라고 봐야 한다. 재산권 문제는 현실과 제도 간의 갈등이 매우 크고, 최근의 제도개편에서도 논의조차 되지 않고 있다. 이는 이 장에서 다루는 제도개편의 성격을 명확하게 드러내는 측면이라고 할 수 있다.

1) 국가와 기업의 역할 재조정

김정은 시대 기업관리체계의 변화는 기존의 소유권제도와 불가분의 관계에 있는 계획화체계를 유지하면서 기업의 생산 및 투자 확대를 저해하는 제도적 장애를 제거하려는 노력이라고 해석할 수 있다. 국영기업의 생산을 회복시키고 증대시킴으로써 경제성장을 촉진하는 것이 제도개편의 궁극적인 목표이겠지만, 중앙정부의 추가적인 자원투입 없이 확대되고 있는 시장을 적절하게 활용하여 재정수입을 확충하는 것도 주요한 목적 중 하나인 것으로 판단된다.

국가의 물자공급 능력 및 투자재원이 제한적인 상황에서 기업의 생산 및 투자를 확대하려면 시장을 적극적으로 활용해야 한다.

따라서 제도개편의 주된 방향은 현실적으로 광범위하게 이루어지고 있는 국영기업에 의한 시장거래를 불법 혹은 반합법으로 만드는 제도를 현실에 맞게 수정하는 것이다. 시장판매를 전제로 하는 기업소지표의 도입이나 계획평가제도의 개편, 기업의 가격제정 및 판매권, 기업소득분배제도의 개편 등 기업관리체계 개편의 핵심내용들은 모두 국영기업에 의한 시장경제 활동을 전제로 하고 있다. 이런 점에서 김정은 시대 북한기업관리체계의 개편은 시장질서를 기업관리체계에 공식적으로 편입시키는 것이라고 평가할 수 있을 것이다.

제도개편을 통한 현실과 제도 간의 괴리 축소는 2002년의 '7.1 경제관리개선조치'도 추구하던 방향이다. 그러나 김정은 시대 기업관리체계의 개편은 국가의 역할이 제한될 수밖에 없음을 인정하고, 제도개편을 통하여 국가와 기업 간의 이해관계 충돌의 여지를 제거하거나 완화하는 방향으로 개편하고 있다는 점이 다르다고 할 수 있다.

우선 주목할 점은 국가의 물자공급 능력 제약을 인정하고, 이 조건하에서 작동 가능한 기업관리체계를 모색하고 있다는 점이다. 「기업소법」 등의 조문에는 나타나 있지 않지만 북한 내부자료 등에서는 제도개편이 필요한 가장 중요한 이유로 "국가가 계획수행을 위한 원료, 자재를 공급하지 못하는 상황"을 들고 있다. 즉, 국가계획위원회가 수립하는 국가계획지표의 축소와 기업소지표 도입의 필요성을 "국가에서 모든 생산조건을 다 보장하지 못하는 조건에서 기업소들이 자체로 계획을 세우고, 집행할 수 있게 권한을 줄 필요"에서 찾는다거나 기업에 가격제정권을 부여하는 것도 "국가가 원료, 자재를 제대로 보장해 주지 못하고 있는데도 생산물의 가격을 국가가격기관에서 현실성 없이 정하고 적용시키고 있기 때문에 기업의 창발성이 억제되고 생산을 추동할 수 없기 때문"이라고 밝히고 있다는 점 등이 그에 대한 방증이라고 할 수 있다. 기업이 가격을 정하고, 독자적으로 판매할 수 있는 대상으로 "국가가 원료, 자재를 보장해 주지 못하여 기업소가 자체로 원료, 원천을 찾아서 생산한 모든 제품"으로 규정하고 있는 것도 같은 맥락이다.

새로운 기업관리체계는 국가가 기업에 대하여 필요한 원료, 자재를 충분히 공급하지 못하고 있기 때문에 기업에 자율성을 주어야 한다는 것에 머무르지 않는다. 국가계획위원회 등 중앙정부는 기업의 생산과 투자에 기여한 만큼만 기업경영 활동을 통제하고, 기업경영 결과에 따른 수익을 요구해야 한다는 원칙에 따라 제도를 수정하려고 한다는 점이 김정은 시대 기업관리체계 개편을 이전의 경제관리제도 개편과 구분 짓게 하는 주요한 특징 중 하나라고 생각된다.

사회주의기업책임관리제하에서도 여전히 물적 계획으로 하달되는 중앙지표가 존재한다. 그런데 특정 기업의 특정 지표가 생산, 가격책정 및 판매, 계획수행평가 등의 과정에서 중앙지표로 온전히 간주되려면 해당 지표의 생산에 필요한 물자를 국가가 기업에 충분히 공급해야 하고, 그렇지 못한 경우 해당 지표는 국가가 물자를 공급한 정도만큼만 중앙지표로 간주되고 처리되어야 한다는 것이다. 예들 들어 중앙지표의 생산에 필요한 물자를 80%만 공급받을 경우 원래 계획의 80%만 수행하더라도 계획을 100% 수행한 것으로 평가한다거나, 중앙지표를 생산하는 데 필요한 자재의 일부를 기업이 시장가격으로 조달할 경우 시장가격으로 조달한 부분을 가격책정에 포함시키도록 하는 방식 등이 그러하다. 설비에 대해서도 기업소 자체자금으로 설치한 설비에 대하여 처분권의 일부를 기업소에 부여하는 것도 같은 맥락에서 이해할 수 있다.

조금 과장하여 평가하면 국가와 기업이 각각 생산과 투자에 기여한 바에 따라서 자기 몫을 갖도록 한다는 것이 제도개편의 정신이라고 볼 수 있다. 기업에게 합당한 몫을 보장함으로써 기업이 생산과 투자를 늘리면 그만큼 재정수입 등을 통하여 국가에 돌아가는 몫도 커진다는 것이다.

기여한 만큼의 몫이 기업에 돌아가게 하면서도 재정수입 등 국가의 몫도 커지게 만들려면 기업경영 활동의 전 과정에서 국가와 기업의 이해관계가 일치하도록 제도를 설계해야 한다. 김정은 시대 기업관리체계 개편의 또 다른 특징은 국가와 기업 간 이해관계 충돌을 야기하는 제도의 수정이 제도개편의 핵심내용을 구성하고 있다는 점이다.

가장 대표적인 분야가 기업소득분배제도의 변경이다. 기업소득 중 비용을 뺀 순소득의 일정비율을 국가납부금으로 바치는 종래의 순소득분배제도에서는 국가로서는 순소득을 늘리는 것이 이익인 반면 기업은 순소득을 줄이려는 유인이 있었다. 따라서 국가는 기업의 원가나 비용 등을 줄이려고 개입하고, 이것은 기업의 이해관계와 충돌하게 된다. 그런데 소득분배제도하에서는 원가와 비용을 둘러싼 국가와 기업의 이해관계의 충돌 가능성이 크게 줄어든다. 국가납부금을 수입(판매)총액의 일정비율을 내도록 하면 국가는 기업의 비용 및 원가 구조에 간섭하지 않아도 되고, 따라서 기업에 물자조달, 임금지급 및 투자재원 조달과 사용의 권한을 부여할 수 있게 된다. 기업 입장에서도 국가납부금을 줄이기 위해 비용을 부풀리던 과거와 달리 비용을 최소화할 유인을 가지게 된다.

기업소득분배 방식뿐만 아니라 중앙지표의 수행과 관련된 국가와 기업 간 이해관계의 조정도 도모하고 있다. 계획화 체계를 유지하는 한, 국가로서는 국가경제 운영을 위하여 국영기업을 통한 핵심물자의 생산과 공급 시스템의 유지가 불가피하다. 그런데 국가가 필요한 물자를 공급하지 못하는 상황에서는 중앙지표의 수행이 기업구성원의 이익에 배치될 가능성이 크다. 최근의 기업관리체계 개편은 기업이 중앙지표를 수행하는 것을 회피하지 않도록 하기 위하여 중앙지표의 비중을 줄이고 기업소지표를 도입하는 동시에 중앙지표 수행률 평가 및 중앙지표의 가격 및 판매 방법 등을 현실적으로 수정하려고 한다. 즉, 중앙지표 수행을 위해 국가가 물자를 공급해 주는 정도에 한해서만 기업에 중앙지표 수행 및 생산된 제품 공급의 의무를 부과하고, 그렇지 않은 부분에 대해서는 마치 기업소지표처럼 취급할 수 있게 함으로써 중앙지표의 수행여부가 기업 입장에서는 큰 문제가 되지 않도록 제도를 설계하려고 하는 것이다.

이러한 국가와 기업의 역할조정 및 이해관계 일치를 위한 제도의 개편은 국가와 기업 간 정보의 비대칭성에서 발생하는 갈등 및 자원낭비 요인을 줄이는 효과도 있다. 즉, 소득분배제도로의 전환이나 기업 가격제정권의 확대 등은 기업의 비용구조 등에 대하여 국가가 구체적인 정보를 확보해야 하는 필요성을 줄여 준다. 이는 해당 정보를 둘러싼 국가와 기업 간 협상의 필요성을 줄이고, 국가에 제공할 정보를 생산하기 위하여 투입되는 자원의 양을 줄여 준다.

2) 시장경제를 양지로

1990년대 경제위기 이후 계획화의 전제조건인 중앙물자 공급체계의 약화와 시장의 암묵적 허용이라는 조건하에서 기업경영 활동이 이루어졌다. 많은 경우 기업의 생산활동은 기존 제도의 틀 밖에서 이루어졌다. 사회주의기업책임관리제는 1990년대 이후 기업의 실제 작동방식의 상당 부분을 제도의 형태로 수용하고 있다. 그런데 이러한 제도화는 한편으로는 기업의 경제행위에 합법성을 부여하지만, 동시에 그동안 국가의 개입 없이 이루어지던 경제활동에 국가가 공식적으로 개입하게 됨을 의미한다.

이런 점에서 사회주의기업책임관리제는 시장거래를 중심으로 한 기업경영을 활성화하는 측면과 기업의 자율적 경영을 제약하는 측면이 동시에 나타날 수 있다. 따라서 제도변화는 경제주체에게 서로 다른 방향으로 작용하거나 인식되고 있는 것으로 보인다. 즉, 합법적으로 자유로운 경제활동 혹은 시장경제 활동을 할 수 있는 여지가 확보되었다는 측면과 지금까지 사실상 규제의 공백하에서 이루어지던 경제활동의 일부를 국가가 규제하거나 최소한 공식체계를 통하여 확인할 수 있도록 하려고 한다는 측면이 공존하는 것이다.

대표적인 예가 현금돈자리 제도라고 할 수 있다. 종래에는 기본 돈자리 이외의 현금거래가 광범위하게 이루어졌으며, 사실상 용인되었지만 현실적으로는 불법행위였다. 그런데 현금돈자리를 개설할 수 있게 함으로써 계획 외의 추가적인 경제활동을 합법적으로 할 수 있게 되었다. 반면 모든 경제활동에 수반되는 현금의 흐름이 당국에 다 노출되고, 여기에 입금된 돈의 지출도 규정에 따르도록 하여 통제가 강화된 측면도 있다.

기업소지표의 도입도 같은 맥락에서 이해할 수 있다. 국가는 기업에 대해서 물적 계획 이외에는 사실상 개입하지 않고, 기업경영 활동의 결과로부터 국가납부금만 부과하였다. 국가는 기업소지표의 도입을 통하여 기업이 새로운 상품을 개발하고, 가격을 책정하고, 판매할 수 있는 자율성을 부여하는 동시에 종래 통제력이 미치지 못하던 기업활동의 상당 부분을 국가기관에 등록하게 함으로써 통제력을 복구하려고 시도하고 있는 것이다.

회계는 북한경제 정상화의 첫 관문

김정은 시대 북한경제의 가장 큰 변화는 시장이 제도화되고, 중앙정부의 경제운용도 시장을 전제로 한다는 것이다. 2000년대 이후 북한경제 회복의 핵심동력이 시장화이고, 향후에도 북한경제가 성장하고 발전하려면 시장경제로의 전환이 불가피하므로 김정은 시대 시장경제의 제도화 및 시장을 매개로 한 정부와 기업의 역할조정은 분명 상당한 진전이다.

그런데 김정은 시대 북한경제의 변화가 내포하고 있는 잠재력은 아직 현실화되지 않은 듯하다. 이는 핵문제에 따른 대북 경제제재와도 관련이 있지만 북한 내부의 한계에서도 기인한다. 무엇보다 소유권제도의 개혁이 전혀 이루어지지 않는 등 경제개혁의 한계가 분명하다. 당장 북한이 소유권제도의 개혁을 비롯한 근본적인 개혁을 추진할 가능성이 크지 않다고 한다면, 현재 개혁의 잠재력을 극대화해야 하는데, 이것도 아직은 가능성의 영역에 머물러 있다. 중앙정부의 제도개혁에도 불구하고, 북한의 경제주체들이 새로운 제도가 부여하는 공간을 충분히 활용하지 못하고 있기 때문이기도 하다. 그 이유로 상업은행이 발달하지 못하여 기업의 자금조달 통로가 부재하다거나 시장을 대상으로 기업경영을 할 기업가 역량이 부족하다는 점 등을 지적할 수 있을 것이다.

이와 함께 김정은 시대 북한경제 개혁의 가장 큰 문제점은 개혁을 통하여 상당 폭으로 완화한 국영기업에 대한 국가의 직접적인 통제를 대체할 만한 수단이 아직 마련되어 있지 않다는 점이다. 명령적 통제가 아닌 경제적 수단을 통하여 국영기업을 관리하고, 육성할 제도적 기반이나 사회적 인프라가 사실상 전무하다고 해도 과언이 아니다. 또한 계획경제에서 기업 간 관계는 계획에 의해서 위로부터 주어지는 데 반해 시장경제에서 기업 간 관계는 계약을 매개로 수평적으로 이루어지는데, 이 계약의 적절성을 담보할 만한 제도적 기반이 갖추어져 있지 않다.

사회주의기업책임관리제를 포함한 새로운 경제관리체계는 국영기업에 대한 직접적인 통제를 완화하여 기업이 시장에 반응하여 생산과 판매를 통하여 더 많은 수입을 획득할 수 있도록 하고, 그중 일부를 국가예산납부금제도를 통하여 재정으로 흡수함으로써 기업성장과 국가재정 확충을 동시에 도모하는 것으로 볼 수 있다. 그리고 이러한 시장경제 활동을 공식적으로 승인함으로써 시장경제 활동을 통하여 획득한 소득이 비생산적인 곳으로 흘러들어가지 않고, 투자나 생산, 노동자 임금 등 생산적인 곳으로 배분될 수 있도록 한다는 것이다. 그런데 문제는 국가가 계획이나 명령 등을 통하여 기업경영 활동에 직접 개입하지 않을 경우 기업경영의 결과로 발생한 소득이 국가 혹은 중앙정부 차원에서 바람직한 방향으로 배분되도록 유도할 시스템이 아직 갖추어져 있지 않다는 점이다.

더 큰 문제는 기업경영 활동의 결과를 국가가 정확하게 파악할 시스템이 충분히 갖추어져 있지 않다는 점이다. 적절한 회계 시스템이 정착되어 있지 못하기 때문이다. 지금까지는 국가가 기업의 세세한 경영활동을 직접 통제하기 때문에 기업경영 활동에 대한 정보를 제한적이나마 확보할 수 있었다. 그러나 사회주의기업책임관리제는 국가가 기업의 경영내용에 세세하게 개입하지 않고, 기업소득의 배분에 대한 기업의 자율성을 크게 제고시켰기 때문에 기업경영의 투명성과 회계의 중요성은 이전과는 비교할 수 없게 높아졌다. 아직 새로운 제도에 따라 생산 및 투자를 하는 기업이 제한적이지만 새로운 제도가 전면적으로 확산되는 상황에서 기업경영의 투명성이 확립되지 않는다면 새로운 혼란을 초래할 가능성도 없지 않다. 회계제도가 충분히 정착되지 못함으로써 국가와 기업 간 관계뿐만 아니라 계약에 기초한 기업 간 관계구축에도 부정적인 영향을 미칠 것이다.

이런 점에서 기업회계제도의 발전은 비록 체제 내 개혁이지만 시장을 제도화하고, 기업에 대한 직접적인 개입을 크게 줄이고, 국가의 역할을 재조정하는 김정일 시대의 경제개혁이 실질적인 성과를 거두려면 시급히 추진해야 할 과제라고 할 수 있다. 또한 기업회계 시스템의 구축은 김정은 시대 경제개혁의 가장 큰 문제점인 기업의 외부자금 조달 메커니즘을 구축하기 위해서도 해결해야 하는 과제이다. 기업회계 시스템을 비롯한 회계 인프라 구축은 북한경제 정상화를 위한 첫 번째 관문이라고 할 수 있다.

> • **이석기 선임연구위원**은 서울대학교에서 경제학 학사, 석사 및 박사학위를 받았으며, 통일부 등 정부부처의 정책자문 등의 활동을 하고 있다. 북한 산업 및 기업을 중심으로한 북한경제와 남북한 산업협력 전략 등을 주로 연구하고 있다.

북한의 경제개발구 정책과 남북회계협력 방안

이해정_현대경제연구원 통일경제센터장

김정은 시대의 북한에서는 대내적으로 2016년 '우리식 경제관리 방법' 등을 통해 경제적 자율성이 확대되었으며, 대외적으로는 전국 단위의 경제개발구 중심의 외자유치 정책을 통해 적극적인 대외개방전략이 추진되고 있다. 대외경제정책인 경제개발구 정책은 '국가경제개발 10개년 전략계획', '국가경제발전 5개년 전략' 등 거시적 차원의 북한경제 운용과 연계되어 추진 중이다. 남북 간 '하나의 시장'을 형성하려면 북한의 대외경제정책 변화를 면밀히 살피고, 이에 기반한 정책추진의 일관성을 도모해야 할 것이다.

이해정 외, 2018, "북한의 경제개발구와 '통일경제특구' 구상의 연계가능성", 〈한국경제주평〉 18-34호, 2018.8.24. 자료를 수정·보완한 것임.

북한의 대외개방전략은 무엇인가

최근 북한의 대외개방전략

2018년 평창동계올림픽 개최를 계기로 한반도 내 평화와 화해의 분위기가 조성되면서 남북경협 재개 가능성에 대한 기대감이 높아지고 있다. 특히, 2018년 9월 남북 정상은 '평양공동선언'을 통하여 조건이 마련되는 데 따라 기존 남북경협 사업인 개성공단과 금강산 관광 사업을 우선 정상화하는 데 합의했으며, 서해경제공동특구 및 동해관광공동특구 조성에 합의하였다. 이에 따라 북한에서 외자유치를 통한 국가경제의 재건을 위해 추진 중인 경제특구 개발구 정책에 대한 분석이 필요하다는 정책적 관심이 집중되고 있다. 2019년 현재 북한은 5개의 경제특구와 22개의 경제개발구를 지정하여 운영하고 있다.

김정은 정권의 대표적인 대외경제정책인 경제개발구 정책은 '국가경제개발 10개년 전략계획', '국가경제발전 5개년 전략' 등 거시적 차원의 북한경제 운용과 연계되어 추진 중이다. 남북 간에 '하나의 시장'을 형성하려면 북한의 대외경제정책 변화를 면밀히 살피고, 이에 기반한 남북관계 제도화를 추진하여 정책 추진의 일관성을 도모해야 할 것이다.

따라서 최근 북한의 대외경제정책 변화를 분석하고, 향후 남북경협 재개 시 남북 간 하나의 시장을 형성하기 위한 협력방안을 모색해 보고자 한다. 이를 위해 북한의 대외경제정책 관련 회계법제 현황을 살펴보고 남북 간 제도적 협력과제를 도출해 보고자 한다.

1) 국가경제개발 10개년 전략계획(2010~2020년)

북한은 경제개발을 위한 중장기 경제발전계획으로 '국가경제개발 10개년 전략계획(2010~2020년, 이하 '10개년 계획')'을 발표하였다. 북한은 내각 결정(2011.1)을 통해 '10개년 계획'을 발표했는데, 동 계획은 당시 김정일 이후 차기 지도자로 내정되었던 김정은이 후계구도 공고화 차원에서 2009년부터 주도한 것으로 알려지고 있다.

'10개년 계획'은 북한이 대외관계 개선을 통한 대규모 외자유치로 국가경제의 재건을 도모하고자 하는 의지를 담고 있다. 북한은 해외 선진기술 및 과학적인 경영관리 기법의 도입으로 경쟁력을 갖춘 세계적인 산업단지를 조성하여 국가경제의 활성화를 추진하고자 하였다. 이에 "기반시설 건설과 농업·전력·석탄·석유·금속 등의 기초공업 발전, 지하자원 에너지 지역개발"을 '10개년 계획'의 목표로 제시하였다. 특히, 경제재건을 위하여 금융 및 외자 유치, 철도 도로 항만 인프라 개발, 산업단지 조성 및 농업개발 등 3대 핵심 분야에 역량을 집중하고자 하였다.

'10개년 계획'의 목표를 달성하려면 10년간 총 1,000억 달러가 소요된다는 점에서 '외자유치'는 필수적인 상황이었다. 이와 관련하여 '조선대풍국제투자그룹'은 '조선민주주의인민공화국 경제개발 중점대상 개요(2011.10)'를 통하여, 소요되는 비용을 산업개발은행(100억 달러), 산업은행(545억 달러), 에너지 전력 분야(335억 달러)에서 각각 유치할 계획이라고 밝힌 바 있다. 이에 따라 북한은 국가개발은행을 설립하고, 재정성의 국가투자담보서를 제공하는 한편, 기업 관계자의 개인소득세를 20년간 면제해 주는 등 우호적인 투자환경을 조성하고자 하였다. 또한 '조선대풍국제투자그룹'에 '10개년 계획'의 주요 사업에 대한 추진권한을 전적으로 위임하는 등 외자유치를 위한 다양한 정책을 도입하였다.

하지만 '10개년 계획'은 국제사회의 대북제재 국면에서 성과를 도출하는 것이 쉽지 않은 상황이다. 북한은 '10개년 계획'을 기존 경제특구의 개발과 연계하여 추진하고 있지만, 대북제재 국면에서는 성과가 미미하다. 북한은 기존에 경제특구로 지정된 '나선'과 '금강산' 지역을 '10개년 계획'과 연계하여 각각 국제적인 경제 관광지대로 조성하겠다는 의지를 강조한 바 있으나, 가시적인 성과를 도출하지 못하고 있는 상황이다. 김정은 정권이 추진하고 있는 대외개방전략의 성공을 위해서는 비핵화를 통한 대북제재의 완화 해제 및 대외관계의 개선이 필수적이기 때문이다.

2) 국가경제발전 5개년 전략(2016~2020년)

북한은 2016년 5월, 36년 만에 개최된 7차 당 대회에서 '국가경제발전 5개년 전략(2016~2020년, 이하 '5개년 전략')'을 발표하고, 경제 강국 건설을 목표로 내세웠다. 북한은 '5개년 전략'을 통하여 인민 경제 전반의 활성화와 경제 부문 간 균형 · 발전을 이루어 경제강국 건설을 위한 토대를 마련하겠다는 의지를 드러냈다. 특히, 외자 유치를 적극적으로 추진하기 위하여 '경제개발구'를 중심으로 대외 경제의 확대 발전을 추구하겠다고 밝혔다. 2013년 제정된 북한의 「경제개발구법」(제2조 제1항)은 경제개발구에 대하여 "국가가 특별히 정한 법규에 따라 경제활동에 특혜가 보장되는 특수경제지대"로 규정하고 있다.

김정은 정권은 대외경제의 확대 발전을 위하여 국가신인도를 높이는 데 주력하고 있다. 북한이 목표로 내세운 경제강국 건설은 대외경제의 확대 발전을 통해서만 달성이 가능하기 때문이다. 이에 김정은 위원장은 대외무역에서 '신용 준수'를 강조하고, 국가신인도 제고를 위하여 노력하고 있다. 이러한 노력은 북한이 국제사회에서 인정받는 정상국가 이미지를 구축함으로써, 경제강국 건설에

북한 '5개년 전략'의 목표 및 대외경제 부문 과제	표 1
구분	주요 내용
목표	- 인민경제 전반 활성화, 경제 부문 간 균형 등을 통한 북한경제의 지속적 발전, 이를 기반으로 '경제강국' 건설
대외경제 부문 과제	- 국가신인도 제고: 대외무역에서 '신용 준수' 강조 - 경제개발구 운영 활성화: 경제개발구 개발에 유리한 투자환경을 구축 - 무역구조 개선: 가공품 수출, 기술무역, 봉사무역의 비중을 증대 - 선진기술 습득: 합영·합작사업의 조직을 통하여 첨단기술을 습득 - 관광: 관광 부문의 사업을 활성화시킬 것을 주문

필수적인 외자유치를 촉진하는 것으로 풀이된다.

특히, 북한은 대외경제의 확대발전을 통하여 경제개발구 개발에 유리한 투자환경을 구축할 것을 강조하고 있다. 김정은 위원장 집권 이후 북한은 경제개발구 개발을 특별히 강조하며, 외자유치에 적극적으로 나서고 있다. 북한은 대외경제의 확대 발전을 통하여 경제개발구 개발에 유리한 투자 환경을 조성하여, 이를 통한 경제개발구 운영의 활성화를 모색하고 있는 것으로 보인다.

3) 경제개발구 정책(2013~현재)

북한의 경제개발구 정책은 김정은 시대 대외경제발전을 위한 '중심사업'으로, '10개년 계획', '5개년 전략' 등 거시적 차원의 북한 경제운용과 연계되어 추진 중이다. 김정은 정권은 경제개발구를 '대외경제발전을 위한 중심사업'으로 규정하고 있다. 김정일 시대 대외개방전략이 '경제특구'를 중심으로 전개되었다면, 김정은 정권에서는 '경제개발구'가 거시적 차원의 북한 경제운용과 연계되면서 핵심으로 부상한 것이다. 북한이 경제개발구 개발에 집중하게 된 배경은 기존 경제특구 정책의 성과 부족과 지방경제 발전을 촉진하기 위한 정책전환의 필요성 때문인 것으로 분석된다. 김정은 정권은 북한 전역에 경제개발구를 지정하여 외자유치에 총력을 기울이는 한편, 경제개발구와 경제특구 개발을 연계하여 시너지를 높이고자 노력하고 있다. 김정은 정권은 '최고인민회의 상임위원회 정령

(2013.11)'을 통하여 각 도에 경제개발구를 설치하겠다는 계획을 발표한 이후 2019년 현재까지 22곳을 지정하였다.

북한은 경제개발구 개발을 촉진하기 위하여 외자유치 관련 조직을 개편하는 한편, 「경제개발구법」을 제정하는 등 제도를 정비하였다. 북한은 2014년 6월 18일, 기존의 '무역성'에 '합영투자위원회', '국가경제발전위원회'의 기능을 통합하여 '대외경제성'을 새롭게 출범하였다. '대외경제성'은 북한의 대외 경제정책 전반을 관장하며, 특히 경제특구 개발구에 대한 외자유치에 주력하고 있는 것으로 알려지고 있다. 또한 2013년 10월 17일, 외국기업들의 경제개발구 진출과 투자를 촉진하기 위하여 민간 경제협력기구인 '조선경제개발협회'를 조직하였다. 북한은 '조선경제개발협회'가 경제개발구에 대한 외자유치는 물론, 투자설명회, 각종 토론회 개최, 투자자문, 홍보, 정보교류 등을 담당하고 있다고 밝힌 바 있다. 이는 대외경제협력기구 창구의 일원화 및 민간 경제협력기구 조직을 통하여 외자유치를 본격화하고, 효율성을 높이기 위한 것으로 보인다.

김정은 정권은 경제개발구 개발을 촉진하기 위해 「경제개발구법」 제정 등을 포함한 외자유치 관련 제도를 본격적으로 정비하였다. 북한은 김정은 집권 이후, 「무역화물검수법」(2012), 「외국투자기업 회계검증법」(2015) 등을 제정하며 외자유치 활성화를 위하여 관련 법제를 정비해 왔다. 특히, 2013년 5월 29일에 제정된 「경제개발구법」은 경제개발구 개발을 촉진하기 위한 기반을 조성한 것으

구분		주요 내용
조직 개편	대외경제성	• 대외경제협력기구 창구의 일원화(2014): 경제특구·개발구에 대한 외자유치 활동을 '대외경제성' 중심으로 전개
	조선경제개발협회	• 민간 경제협력기구 조직(2013): 조선경제개발협회를 조직함으로써 민간 차원에서도 외자유치를 독려
제도 정비	외자유치 관련 법규 제정	• 외자유치 활성화 도모: 「무역화물검수법」(2012), 「국경통과지점관리법」(2014), 「외국투자기업 회계검증법」(2015) 등을 제정 • 「경제개발구법」 제정(2013): 북한 전역에 지정된 경제개발구 개발을 촉진하기 위한 기반을 조성 • 북한에서 단일 법 규정에 근거하여 외자유치를 도모하는 특수경제지대가 운영되는 것은 최초
	외자유치 관련 법규 수정·보충	• 경제개발구 개발 본격화 대비: 「무역법」, 「외국인투자기업 및 외국인세금법」, 「외국인투자기업노동법」 등에 대한 수정, 보충(2015)

로 평가된다. 북한의 「경제개발구법」은 경제개발구 정책의 규범적 기준으로서, 모든 경제개발구에 기본법으로 적용된다는 점에서 중요한 위상을 차지한다. 특히, 동 법을 통하여 중앙정부가 아닌 지방당국 차원에서도 도(직할시)인민위원회 권한으로 경제개발구 설치가 가능한 법적 토대가 마련되었다는 점을 주목해야 한다. 또한 「무역법」, 「외국인투자기업 및 외국인세금법」, 「외국인투자기업 노동법」 등에 대한 수정, 보충을 통하여 향후 경제개발구 개발의 본격화에 대비한 것으로 보인다. 김정은 정권은 대외여건이 악화된 상황에서도 외자유치 관련 법·제도를 정비하며 경제개발구 개발을 추진하고 있는 것이다.

개방전략의 선봉 경제개발구

북한의 김정은 위원장은 집권 이후 22곳의 경제개발구를 지정하여, 기존 경제특구와 연계한 광역발전을 통하여 지방경제의 발전과 국토의 균형적 발전을 도모하고 있다. 김정은 위원장은 북한 측 전역에 경제개발구를 설치하겠다는 계획을 발표한 이후 2019년 현재까지 22곳의 경제개발구를 지정하였다.

1) 권역별 특징

북한의 경제개발구는 개성공업지구, 금강산관광특구 등과 연계 개발이 가능한 남북접경지역권을 비롯하여 서해권, 동해권, 북중접경지역권으로 구분할 수 있다.

첫째, 남북접경지역권은 남북경협의 경험이 축적된 남북접경지역 일대를 의미한다. 기존 경제특구인 개성공업지구와 금강산관광특구 인근에 경제개발구를 배치함으로써 기존 특구의 확장 및 개발 분야의 다각화를 모색한 것으로 보인다.

둘째, 서해권은 북한 최대 공업지구인 평양-남포 공업지구 일대를 말한다. 김정일 시대의 경제특구는 평양시로부터 지리적으로 상당히 떨어진 곳을 중심으로 지정되었으나, 김정은 정권은 평양시와 인접한 서해 일대에 경제개발구를 배치하고 있다.

셋째, 동해권은 함흥, 청진 등 동해안 주요 공업도시 주변을 의미

북한의 경제특구·개발구 권역별 현황 / 그림 1

⭐ 기존 경제특구(5개)
📍 김정은 시대, 중앙급 경제개발구(5개)
⊗ 김정은 시대, 지방급 경제개발구(17개)

북중접경지역권

온성섬
경원
무봉
라선
혜산
청진
어랑
만포
위원
황금평위화도
청수
북청
압록강
신의주
흥남
동해권
청남
숙천
은정
강남
와우도
진도
송림
현동
서해권
신평
금강산
강령
개성
남북접경지역권

＊출처: 현대경제연구원, '북한의 경제개발구 배치 지역'

한다. 동해권에서는 함경남북도의 도청소재지(함흥시, 청진시)를 중심으로 공업개발구(흥남공업개발구)와 종합형 경제개발구(청진경제개발구)를 배치하여 지방 산업의 육성을 모색하고자 하는 것으로 보인다.

3부 경제개방으로 달라지려는 북한

넷째, 북중접경지역권은 북·중 간 인접성을 활용하여 세관 소재 도시를 중심으로 개발을 모색하고자 하는 지역을 말한다. 북한은 향후 중국 랴오닝성療寧省과 지린성吉林省에 인접한 지리적 이점을 활용하여 북중무역 및 관광산업 중심의 경제개발을 꾀할 것으로 보인다. 동 지역에서는 북·중의 세관이 소재한 도시를 중심으로 종합형 경제개발구(4곳)를 집중 배치하고 있다.

2) 거점별 특징

경제개발구는 기존 경제특구나 대도시를 중심으로 배치되어 있으며, 경제특구와 상호보완적 관계를 형성하고 있어, 향후 주요 도시의 대외개방 전초기지 역할을 할 수 있을 것으로 예상된다.

북한의 경제개발구들은 신의주, 개성, 나선, 원산-금강산 등지에 있는 기존의 대규모 경제특구 인근에 지정되어 있다. 이는 경제개발구들을 경제특구 인근에 배치하여, 경제특구의 개발효과를 경제개발구로 확산시켜 지방경제를 활성화하고자 한 것으로 분석된다. 또한 경제개발구들이 기존 경제특구의 단점, 취약성 등을 보완하는 보조적 역할을 수행하여 경제개발구와 경제특구가 상호보완적인 관계를 구축할 수 있을 것으로 기대된다. 경제특구는 대부분 경제개발구에 비하여 상대적으로 규모가 크고, 변방에 있어서, 초기 개발비용이 많이 들고 노동력 수급이 원활하지 않는 등의 문제를 이미 겪은 바 있다. 경제특구 인근의 경제개발구는 하나의 가교(架橋)

가 되어 다른 경제특구나 대도시를 이어주는 역할을 할 가능성도 있다.

김정은 정권은 평양, 남포, 함흥 등 북한의 주요 도시 인근에도 경제개발구를 배치하며 적극적인 대외개방 의지를 내비쳤다. 김정일 정권은 남포 등지에서 경협을 간헐적으로 추진하기도 했지만, 인근에 제도화된 경제개발구를 지정하며 외자유치에 적극적으로 나서고 있다. 이는 노동력이 풍부하고 제반 산업시설이 일정 정도 구축되어 있는 도시를 개방함으로써 경제개발구 정책의 실질적인 효과를 거두려는 것으로 보인다.

기존 경제특구와 대도시 인근의 경제개발구		표 3
구분		주요 내용
기존 특구	개성공업지구	• 강령국제녹색시범지대
	원산-금강산 관광특구	• 현동공업개발구, 신평관광개발구
	나선경제무역지대	• 청진경제개발구, 경원경제개발구, 온성섬관광개발구 등
	신의주경제지대 황금평·위화도 경제지대	• 압록강경제개발구, 청수관광개발구
주요 도시 인근	평양시-남포시 인근	• 진도수출가공구, 와우도수출가공구, 송림수출가공구, 강남경제개발구, 은정첨단기술개발구, 청남공업개발구 등
	기타	• 청진경제개발구, 흥남공업개발구 등

3) 목적별 특징

경제개발구는 지역적 특성을 고려한 개발목적에 따라 6개 유형 (종합형 경제개발구, 공업개발구, 수출가공구, 관광개발구, 첨단기술개발구, 농업개발구 등)으로 구분된다.

종합형 경제개발구는 무역, 농업, 광업, 제조업, 관광업 등 2개 이상의 산업을 결합한 경제개발구로, 2019년 현재 7곳이 지정되어 있다. 종합형 경제개발구는 주로 북중 간 세관이 설치된 북중접경지역과 평양, 청진 등 대도시를 중심으로 배치되어 있다. 여기에서는 국경과 인근 항만을 활용한 가공무역, 관광업 중심의 개발이 이루어질 것으로 예상된다.

공업개발구는 수입대체, 수출지향 산업 육성, 산업구조개선 등을 목적으로 한 제조업 중심의 경제개발구로 2019년 현재 4곳이 지정되어 있다. 각종 산업이 발달해 있고, 지하자원과 임산자원이 풍부한 지역을 중심으로 배치되어 있으며, 북한 내 가용자원을 활용하여 지방산업을 활성화시킬 목적으로 지정한 것으로 보인다.

수출가공구는 자유무역지대와 제조업이 결합된 가공무역의 거점을 구축하기 위한 경제개발구로, 2019년 현재 3곳이 지정되어 있다. 평양시와 남포시 일대에 위치하며, 수입원자재를 활용한 가공무역지대를 구축하여 평양시를 비롯한 인근 지역경제를 발전시키려는 것으로 추정된다.

관광개발구는 자연환경, 명승지, 국경지역 등을 활용한 관광산업 중심의 경제개발구로, 2019년 현재 4곳이 지정되어 있다. 북중접경지역과 기존 관광특구 인근에 배치되어 있으며, 경제개발구 부문 중 북한 내 투자와 북중경제협력이 가장 활발히 이루어지고 있는

김정은 시대 대외개방전략 및 경제개발구 평가	표 4

구분	주요 내용
대외 개방 전략	- 경제강국 건설 : 김정은 정권은 적극적인 대외개방전략 전개를 통하여 '경제강국 건 설' 이란 국가목표 달성을 위하여 노력 - 경제개발구 : 김정은 정권이 추진하는 대외개방전략의 핵심 · 북한은 경제개발구 개발을 '국가경제개발 10개년 전략계획', '국가경제발전 5개년 전 략' 등 거시적 차원의 북한경제 운용과 연계하여 추진
경제 개발구	- 권역별 특징 : 접근성 확보 · 경제협력이 용이한 남북접경지역 등 국경지대와 해안지대 중심 배치 · 남북접경지역권, 서해권, 동해권, 북중접경지역권 - 거점별 특징 : 개발효과 극대화 · 기존 경제특구 및 대도시 등 주요 산업거점지역에의 배치를 통한 개발효율성 및 투자 의 전후방 효과 제고 모색 - 목적별 특징 : 개발 분야의 다양화 · 지역적 특성을 고려한 경제개발구 공간 활용 · 개발목적에 따른 6개 경제개발구(종합형 경제개발구, 공업개발구, 수출가공구, 관광 개발구, 첨단기술개발구, 농업개발구 등) 구분

것으로 파악된다.

첨단기술개발구는 첨단과학기술 연구-개발-생산-판매가 연계된 거점을 조성하기 위한 경제개발구로, 2019년 현재 중앙급 평양은정첨단기술개발구가 지정된 상태이다. 해외 선진기술과 국내 연구 인프라를 결합한 ICT 중심지로의 발전을 모색하고 있다. 최근 싱가포르 소재 NGO인 조선익스체인지$^{Choson Exchange}$와 교류협력사업이 진행 중에 있다. 특히, 조선익스체인지는 북한의 회계 관련 정부관료 및 학자를 대상으로 싱가포르 및 베트남 등지에서 회계 전문 세미나를 개최한 경험이 있다.

농업개발구는 현대적인 농축산어업 생산 · 가공 · 연구 중심의 경제개발구로, 2019년 현재 3곳이 지정되어 있다. 주요 농업지대에

대분류	중분류	개발구 명칭	주요 특징
중앙급 (5개)	관광	무봉국제관광특구	- 백두산 인근, 중국과 합작 추진
	첨단 기술	은정첨단기술개발구	- 평양, 면적은 2.4㎢. 1지구(정보, 기술공업) & 2지구(농업에 첨단기술 접목)로 나누어 개발
	경제	강남경제개발구	- 평양에 위치, IT, 경공업 등. 김정은 위원장 관심지역
		강령국제녹색 시범지대	- 면적은 500㎢. 자연에너지, 수산물양식업 등 계획
	수출 가공	진도수출가공구	- 남포, 면적은 1.8㎢. 가공수출무역과 보세무역을 결합
지방급 (17개)	관광	신평관광개발구	- 위치 : 평양~원산의 중간지점. 면적은 8.1㎢ - 특징 : 신평금강으로 불리는 명승지
		온성섬관광개발구	- 면적은 1.7㎢. 외국인 전용 관광. 골프장, 경마장 등
		청수관광개발구	- 위치 : 중국 접경지역인 평북 삭주군. 면적은 1.4㎢ - 특징 : 전력보장에 유리. 민속촌, 샘물공장 등을 계획
	경제	경원경제개발구	- 두만강의 류다리섬, 북중 교역의 거점으로 활용
		청진경제개발구	- 면적은 5.4㎢. 경공업제품생산, 수출가공을 기본으로, 대(對)중국 및 러시아 화물을 중계 수송하는 물류산업 결합
		혜산경제개발구	- 면적은 2.0㎢. 백두산-보천온천-삼수호-칠보산 유람, 관광을 연결. 현대적인 경공업생산기지 조성 등
		만포경제개발구	- 위치 : 중국 접경지역인 자강도 만포시. 면적은 3.0㎢ - 특징 : 용수보장에 유리. 관광휴양, 무역이 기본
지방급 (17개)	경제	압록강경제개발구	- 위치 : 중국 접경지역인 평북 신의주시. 면적은 6.3㎢ - 특징 : 관광휴양, 현대농업, 무역이 기본
	공업	위원공업개발구	- 면적은 3.0㎢. 광물자원을 활용한 2~3차 가공품 생산
		청남공업개발구	- 면적은 1.0㎢. 갈탄을 활용한 액화가스 생산 등
		흥남공업개발구	- 위치 : 함경남도 함흥시. 면적은 2.0㎢ - 특징 : 화학, 제약 등을 이용한 보세수출가공업 계획
		현동공업개발구	- 위치 : 강원도 원산시. 면적은 2.0㎢ - 특징 : 전력보장에 유리. 금강산관광과 연계계획. 관광기념품, 경공업, 호텔용품생산 계획
	수출 가공	와우도수출가공구	- 면적은 1.5㎢. 남포항 중심으로 수출가공사업 확대. 서해갑문 수역과 연계한 관광사업도 계획
		송림수출가공구	- 면적은 2.0㎢. 수출가공 조립, 철강재생산품, 창고보관 및 화물 운수봉사 등을 집약한 수출가공구
	농업	어랑농업개발구	- 면적은 4.0㎢. 송이버섯 수출, 수산물 양식 계획
		숙천농업개발구	- 면적은 3.0㎢. 유기농법을 활용한 농업생산품 계획
		북청농업개발구	- 면적은 3.0㎢. 과수재배, 산채류 가공과 관광을 결합

＊출처: 《조선에 대한 리해(관광 및 투자)》 2015, 평양. 자료를 토대로 저자 재구성했으며, 기존의 경제특구(신의주, 개성, 금강산, 나선)는 분석하지 않음. 강남경제개발구의 경우 북한 측의 별도 발표가 없었으나 중앙급으로 추정.

위치하며, 인근 도시의 식량 공급지로 활용될 것으로 보인다.

결국, 김정은 시대의 경제개발구 정책은 대외개방전략의 중심으로서 비핵화 진전 시 기존 경제특구 정책과 함께 북한의 경제발전을 추동할 것으로 평가된다. 경제개발구 정책은 기존 경제특구의 문제점을 극복, 보완하려는 모습을 보이며, 김정일 시대의 대외개방전략에 비하여 진일보한 측면이 있다. 특히, 지방 당국의 권한 강화, 특수경제지대의 소규모화, 개발 분야의 다양화, 대도시 개방 등 기존과는 차별화된 모습을 보이고 있다. 다만, 경제개발구는 개발이 일정 정도 진행된 경제특구와 비교하여 상대적으로 초기 개발 조건이 불리하여 외자유치에 어려움을 겪을 우려도 있다. 외자유치 본격화를 위한 법·회계 등 제도적 인프라의 미비도 한계로 지적된다. 이와 함께, 경제개발구 개발에 필수적인 해외자본을 유치하려면 비핵화 진전을 위한 북한의 전향적인 노력이 필요한 시점이다.

최근 북한의 대외경제정책과 회계

외자유치 초기인 1995년 북한은 전 지역의 외국인투자기업에 동일하게 적용되는 「외국인투자기업부기계산규정」을 제정하였다. 그러나 외자유치가 기대수준에 미치지 못하자 경제특구 및 경제개발구에 별도로 적용되는 규정을 제정하였다. 「개성공업지구 회계규정」,

「라선경제무역지대 외국투자기업 회계규정」 등이 이에 해당된다.

「개성공업지구 회계규정」은 개성공단에 입주한 기업을 대상으로 한다. 2005년 제정된 이 규정은 총 투자액이 미화 100만 달러 이상, 판매 및 봉사수입금이 미화 300만 달러 이상인 개성공단 투자기업에 적용된다. 기본 화폐단위는 미국 달러이고, 대차대조표, 손익계산서, 손익처분계산서, 현금유동표를 주요 재무제표로 하고 있다. 그리고 규정에 정하지 않는 사항은 국제적으로 인정되는 회계 관습에 따른다고 규정하고 있다.

2006년 「외국투자기업회계법」 및 2013년 「외국투자기업회계법 시행규정」이 제정되면서 북한 전역의 외국투자기업은 동 법·규정을 따른다. 대체적으로 2005년 제정된 「개성공업지구 회계규정」과 유사한 모습을 보인다. 단, 특수경제지대에 별도의 회계규정을 제정한 경우에는 별도의 규정을 따르도록 한다.

2013년 제정된 「경제개발구법」 제44조에 따르면 경제개발구에 적용되는 회계는 일차적으로 "경제개발구에 적용하는 재정 회계 관련 법규"에 따르되 보충적으로 "국제적으로 인정되는 회계 관습"을 따르도록 규정하고 있다. 그리고 2011년에 개정된 라선경제무역지대법 제52조 및 황금평·위화도경제지대법 제42조는 "국제적으로 통용되는 회계기준"만 적용하도록 규정하고 있다. 2015년에는 「라선경제무역지대 외국투자기업 회계규정」을 제정하며 라선경제특구에서 적용되는 회계규정을 구체화하였다. 최근 북한의 외

현행 규정상의 국제회계제도 관련 사항			표 6
적용대상	관련 법·규정	제정시점	내 용
특수경제지대 단위	「개성공업지구 회계규정」	2005년 제정	제7조(회계준거규정, 회계관습의 적용) 공업지구에서 기업의 회계는 이 규정과 공업지구 기업 재정규정, 회계검증규정, 세금규정 같은 관련 규정에 준하여 한다. 이 규정에는 정하지 않은 사항은 국제적으로 인정되는 회계관습에 따른다.
	「라선경제무역지대법」	1993년 제정, 2011년 일부 수정	제52조(기업의 회계) 경제무역지대에서 기업은 회계계산과 결산에 국제적으로 통용되는 회계기준을 적용할 수 있다.
	「황금평·위화도 경제지대법」	2011년 제정	제42조(기업의 회계) 경제지대에서는 기업의 회계계산과 결산을 국제적으로 통용되는 회계기준을 적용하여 하도록 한다.
	「경제개발구법」	2013년 제정	제44조(기업의 회계) 경제개발구에서 기업의 회계계산과 결산은 경제개발구에 적용하는 재정회계 관련 법규에 준하여 한다. 재정회계 관련 법규에서 정하지 않은 사항은 국제적으로 인정되는 회계관습에 따른다.
북한 전역의 외국투자기업	「외국인투자기업 회계법」	2006년 제정, 2011년 일부 수정	제9조(회계관습의 적용) 회계 관련 법규에서 정하지 않은 사항은 국제적으로 인정되는 회계관습에 따른다.

*출처: 이태호, 2018, "남북회계협력의 기본방향", 한국공인회계사회 「CPA BSI」 Vol.2

자유치 관련 법제 정비 상황을 살펴볼 때, 특히 회계 관련 규정에 대한 고민이 엿보인다는 것이 특징적이다.

이처럼 북한에서는 외자유치 관련 회계규정과 관련하여 기존에는 국제적 정합성을 갖추고 있지 않다가 국제회계기준을 적용하도록 규정하는 데 이어 자체 회계 관련 법규 마련으로 이어지는 변화 과정을 보이고 있다. 이는 북한이 외자유치와 관련하여 회계의 중요성에 대해 인식했으며, 북한 나름대로 외자유치 본격화에 대비하여 회계 관련 법규를 정비하는 과정에 있음을 보여 주는 것이라고 할 수 있다.

다만, 외국인투자 관련 회계 시스템과 북한의 기관, 기업소, 단체 등에 적용되는 회계 시스템과의 이원화된 회계 시스템은 향후 개선되어야 할 과제로 지적된다. 현재 북한 기업에 적용되는 회계 시스템에는 지도통제 및 연성예산제약이 남아 있어 기업경영의 효율성을 담보하기 어려우며, 기업가치에 대한 객관적인 평가도 어렵기 때문이다. 향후 남북 교류가 활성화될 경우, 남북 간 특구 및 경제개발구를 중심으로 한 회계협력이 우선 추진되어야 할 것으로 보이며, 점차 협력의 범위를 확대해 나가야 할 것으로 판단된다.

하나의 시장을 위한 경제개발구 구상

2018년 세 차례의 남북정상회담과 북중정상회담 및 최초의 북미정상회담 개최 등으로 한반도 정세가 새로운 국면에 진입하였다. 향후 미국의 대북 경제제재 완화 및 북미관계 정상화 논의의 가능성이 높아짐에 따라 북한의 국제금융·무역체제 가입 논의도 활발해질 것으로 보인다.

북한의 국제금융·무역체제 가입까지 어느 정도 시간이 소요될 것으로 예상되므로, 이 기간 동안 한국이 북한의 변화를 적극적으로 추동하는 것이 바람직할 것으로 판단된다. 이는 기본합의서 및 부속합의서에서 이미 남북 간 합의된 내용을 이행하는 것이기도 하다.

남북 간 '하나의 시장'을 형성하기 위한 제도적 기반 마련을 위해서는 경제 분야의 인적 교류 및 다양한 조사 연구를 확대해야 한다. 북한이 「경제개발구법」 등을 통하여 자체 회계제도 및 국제회계기준 도입을 통하여 외자유치를 위한 제도 정비에 나선 것을 특히 주목해야 한다.

북한의 '경제개발구'를 통한 외자유치 노력과 우리 정부의 '한반도 신경제구상' 및 '통일경제특구' 구상을 연계하여 기존 경협의 재개는 물론 신新경협 모델 창출이 가능할 것으로 기대된다.

문재인 대통령의 '통일경제특구' 구상과 북한의 '경제개발구'를 연계하여 축적된 기존 경협의 경험을 활용하는 한편, 새로운 남북 협력 모델을 창출할 수 있을 것으로 보인다. 문 대통령의 '통일경제특구' 구상을 실현하려면 북한 측에서 발표한 '경제개발구' 정책을 고려하여 남북 접경지역을 중심으로 동해축과 서해축의 통일경제특구 실현계획을 수립해야 한다. 9.19 평양공동선언에서 합의된 동·서해 공동특구를 신(新)남북경협 모델로 개발하는 방법을 모색해야 한다. 동해축의 원산-금강산 특구를 중심으로 북한 측의 현동공업개발구, 신평관광개발구와 남한 측의 강원도를 연계한 특구 개발을 고려해야 한다. 동해공동특구의 농업 부문 배후기지로 어랑농업

구분	주요 내용
「남북기본합의서」 (1991.12.13)	제15조 남과 북은 민족경제의 통일적이며 균형적인 발전과 민족 전체의 복리향상을 도모하기 위하여 자원의 공동개발, 민족내부 교류로서의 물자교류, 합작투자 등 경제 교류와 협력을 실시한다.
「남북기본합의서 [제3장 교류·협력]의 이행과 준수를 위한 부속합의서」 (1992.9.17)	제1조 남과 북은 민족경제의 통일적이며 균형적인 발전과 민족 전체의 복리향상을 도모하기 위하여 자원의 공동개발, 민족내부 교류로서의 물자교류, 합작투자 등 경제 교류와 협력을 실현한다. ⑩항 남과 북은 물자교류에 대하여 관세를 부과하지 않으며, 남북 사이의 경제관계를 민족내부 관계로 발전시키기 위한 조치를 협의, 추진한다. 제5조 남과 북은 국제경제의 여러 분야에서 서로 협력하며 대외에 공동으로 진출한다. ①항 남과 북은 경제 분야의 여러 국제행사와 국제기구들에서 서로 협력한다. ②항 남과 북은 경제 분야에서 대외에 공동으로 진출하기 위한 대책을 협의, 추진한다.
6.15 남북공동선언 (2000.6.15)	제4항 남과 북은 경제협력을 통하여 민족경제를 균형적으로 발전시키고 사회·문화·체육·보건·환경 등 제반 분야의 협력과 교류를 활성화하여 서로의 신뢰를 다져 나가기로 하였다.
10.4 남북공동선언 (2007.10.4)	제5항 남과 북은 민족경제의 균형적 발전과 공동의 번영을 위해 경제협력사업을 공리공영과 유무상통의 원칙에서 적극 활성화하고 지속적으로 확대 발전시켜 나가기로 하였다. 남과 북은 경제협력을 위한 투자를 장려하고 기반시설 확충과 자원개발을 적극 추진하며 민족내부협력사업의 특수성에 맞게 각종 우대조건과 특혜를 우선적으로 부여하기로 하였다.
판문점선언 (2018.4.27)	제1조 제6항 남과 북은 민족경제의 균형적 발전과 공동번영을 이룩하기 위하여 10.4선언에서 합의된 사업들을 적극 추진해 나가며 1차적으로 동해선 및 경의선 철도와 도로들을 연결하고 현대화하여 활용하기 위한 실천적 대책들을 취해 나가기로 하였다.
평양공동선언 (2018.9.19)	제2조 남과 북은 상호호혜와 공리공영의 바탕 위에서 교류와 협력을 더욱 증대시키고, 민족경제를 균형적으로 발전시키기 위한 실질적인 대책들을 강구해 나가기로 하였다. 제2항 남과 북은 조건이 마련되는 데 따라 개성공단과 금강산관광 사업을 우선 정상화하고, 서해경제공동특구 및 동해관광공동특구를 조성하는 문제를 협의해 나가기로 하였다.

＊출처: 남북기본합의서, 역대 남북정상회담 선언문

개발구 및 북청농업개발구를 활용하여 특산품 공급을 통한 관광지와의 연계 발전도 가능할 것으로 보인다. 이는 2018년 6월 발표된 북방경제협력위원회의 '평화와 번영의 북방경제공동체 실현을 위한 신북방정책의 전략과 중점과제' 로드맵의 중점과제로 포함된 환동해 관광협력과도 연계해야 한다. 서해축의 개성공업지구를 중심으로 북한 측의 강령국제녹색시범지대와 남한 측의 인천광역시, 경기도를 연계한 특구 개발도 고려할 수 있다. 또한 10.4 남북공동선언에서 합의된 서해평화협력지대 구축도 함께 고려해야 한다. 서해공동특구의 농업 부문 배후기지로 강령국제녹색시범지대는 물론, 숙천농업개발구를 활용하여 본격적인 개발협력을 추진할 수 있을 것으로 보인다. 이를 통하여 기존 경협 사업의 재개는 물론, 새로운 경협 모델을 창출할 수 있을 것으로 기대된다.

또한 한반도 신경제구상과 북한의 대외개방전략 간 이해가 합치되는 지점을 중심으로 경협 재개를 고려할 수 있다. 북한의 경제특구 개발구를 권역별로 묶어 보면, '한반도 신경제구상'의 동서해벨트와 개발지역 및 방향이 유사하다. 그리고 권역별 경제개발구 내 교통 인프라 구축에 대한 수요가 발생할 것으로 예상되어 신북방정책 및 '동아시아철도공동체'와의 연계방안도 함께 고려할 필요가 있다. 문재인 대통령은 2018년 8.15 경축사를 통해 동북아 6개국(남북과 중국 · 러시아 · 일본 · 몽골 등)과 미국이 함께하는 '동아시아 철도공동체'를 제안한 바 있으며, 이와 연계한 북한의 특구 및 경제개발구 개발 전략을 모색해야 할 것으로 보인다.

'경제개발구' 정책의 성공을 위해서는 북한의 전향적인 대외개방 정책과 이를 유도하기 위한 주변국의 노력이 필요하다. 북한은 경제개발구 개발을 중심으로 경제발전을 위한 의욕적인 행보를 보이고 있지만, 비핵화에 대한 진전 없이는 성과 달성은 쉽지 않을 것으로 보인다. 특히 전향적인 대외개방정책 없이는 경제개발구 개발에 필수적인 외자유치, 해외 선진기술의 도입이 힘들 것으로 전망된다. 따라서 북한 내부적으로 경제개발구 개발을 위한 동력확보 차원에서 비핵화 진전이 필요하며, 주변국에서도 이를 추동할 수 있는 다양한 협력방안을 마련해야 한다.

특히, 남북회계협력과 관련하여 북한의 경제특구 및 경제개발구 중심으로 자본주의 회계방식의 점진적 도입을 도모해야 하며, 이를 위해 회계협력의 범위를 점차 확대해 나가야 한다. 북한 측의 회계 전문 인력과의 교류를 통하여 상호간 접촉면을 넓혀 나가야 할 것으로 보인다. 장기적으로는 이원화된 북한의 현 회계 시스템을 일원화하여 기업운영의 투명성을 제고해야 한다. 최근 북한의 대외경제 관련 법제 정비 동향을 살펴볼 때, 글로벌 스탠더드에 부합하는 제도정비를 회계 부문에서 우선 실현할 수 있을 것으로 기대된다.

• **이해정 센터장**은 이화여자대학교 법학·북한학과를 졸업하고, 同대학원에서 북한학 석사 및 박사 학위를 취득하였다. 2006년 현대경제연구원에 입사하였으며, 현재 통일경제센터장을 맡고 있다. 또한 대통령 직속 북방경제협력위원회 민간위원 및 국토부 동아시아철도공동체자문단, 통일부 정책자문위원으로 활동하고 있다.

4부

미래를 위한 준비

체제전환국가의 회계제도 발전 교훈

이재일_안진회계법인 고문, 한반도경제협력지원센터장, 공인회계사

체제전환국가에서 회계 발전의 방향을 분류하면 전환의 속도에 따라 급진주의와 점진주의로, 추진 주체에 따라 톱-다운$^{Top-down}$과 보텀-업$^{Bottom-up}$ 등으로 구분할 수 있다.

체제전환국가의 사례를 통한 시사점은 경제공동체에 소속한 국가일수록 회계제도의 발전이 빠르며, 회계제도의 도입은 국제적 정합성이 있어야 하고, 회계기준과 회계감사기준을 제정하고 실무적으로 운영할 수 있는 전문기관이 필요하다는 것이다.

또한 외부감사인과 전문가 협회의 육성과 함께 회계 전문가를 양성하는 체계적인 교육 시스템이 중요하다.

체제전환국가 사례와 분류

사회주의 체제하의 경제적·사회적 불안정성과 본질적인 비효율성으로 인하여, 대부분의 사회주의국가들이 1980년 및 1990년대부터 시장경제를 도입하여 체제전환 과정을 거쳐 왔다.

체제전환국가에서 회계 발전의 방향을 분류하면 전환의 속도에 따라 급진주의와 점진주의로, 주체에 따라 톱-다운$^{Top-down}$과 보텀-업$^{Bottom-up}$으로, 정치개혁과 경제개혁의 이행방식에 따라 병행전환과 분리전환으로 구분할 수 있다(장소영, 2017).

급진주의$^{Big\ Bang\ Approach}$는 시장제도를 일괄적으로 도입하고 국내경제를 국제경제체제에 통합시키는 것이 바람직하다는 시각에서, 헝가리를 제외한 대부분의 동유럽 국가들이 정치개혁까지 실행하면서 채택한 방법이다. 점진주의는 시장경제로의 체제전환을 시간이 걸리는 과정이라는 이해를 바탕으로 헝가리, 중국, 베트남, 우즈베키스탄 등이 채택한 방법이다. 보텀-업 전환은 국민들의 주도로 전환이 이루어지는 경우이며, 톱-다운 전환은 대체로 현재의 체제를 지지하는 지도부에 의하여 시도되는 방식이다. 그리고 병행전환은 정치개혁과 동시에 또는 정치개혁을 통하여 경제개혁을 이행하는 유형이며, 분리전환은 정치체제는 그대로 두고 경제체제만 변화시키는 방식이다.

국제통화기금^{IMF}이 2000년 11월 체제전환 이행 국가로 분류한 29

개 국가를 이런 관점에서 〈표 1〉과 같이 분류하였다. 소련의 붕괴에 이은 공산주의의 도미노식 붕괴에 따라 동구권은 대부분 유형 Ⅲ의 급진주의적, 보텀-업 방식을 띠고 있다.

체제전환국가의 유형별 분류				표1
구분	전환의 속도	전환의 동력	전환의 영역	국 가
유형 Ⅰ	점진주의	Top-down	분리전환	베트남, 중국, 라오스
유형 Ⅱ	급진주의	Top-down	병행전환	러시아연방, 캄보디아, 카자흐스탄, 키르기스스탄
유형 Ⅲ	급진주의	Bottom-up	병행전환	알바니아, 불가리아, 크로아티아, 체코공화국, 마케도니아, 폴란드, 루마니아, 슬로바키아공화국, 슬로베니아, 에스토니아, 라티비아, 리투아니아, 아제르바이잔, 우크라이나, 조지아
유형 Ⅳ	점진주의	Top-down	병행전환	헝가리, 아르메니아, 벨라루스, 몰도바, 타지키스탄, 투르크메니스탄, 우즈베키스탄

북한은 또한 상기 유형 중 한 가지 방법으로 개방화가 진행될 것으로 예상되는 바, 현재로서는 체제특성상 점진주의, 톱-다운 방식으로 개방정책을 취할 것이며, 정치체제를 유지하면서 경제를 개방할 것이므로 분리전환을 택할 것으로 예상된다. 이는 유형 Ⅰ에 해당한다. 따라서 베트남과 중국의 사례가 도움이 될 것이다. 비교를 위하여 유형 Ⅱ에서는 공산주의의 대표적인 국가라 할 수 있는 러시아를, 유형 Ⅲ에서는 체코공화국, 폴란드를 살펴보고, 유형 Ⅳ에서는 가장 먼저 시장경제요소를 사회주의 경제에 도입한 헝가리를 비교국가로 하여 살펴보겠다.

비교국가의 회계제도정책

유형	유형 I		유형 II	유형 III		유형 IV
국가	베트남	중국	러시아	체코 공화국	폴란드	헝가리
체제전환 연도	1986	1978	1993	1989	1989	1989
전문외부감사인협회 설립연도	1994	1988	1992	1993	1907	1997
외부회계감사제도 제정연도	1994	1994	1994	1992	1994	1991
「회계법」 제정연도	2003	1985	1996	1991	1994	1991
국제회계기준 도입연도	-	-	2012	2005	2005	2005
경제공동체 가입연도	1995 (ASEAN)	-	2015 (EAEU)	2004 (EU)	2004 (EU)	2004 (EU)

표 2 — 주요 국가의 회계발전 연혁

베트남

베트남은 제3차 경제계획(1981~1985) 이후 사회주의 체제의 강화를
위하여 1986년 12월 제6차 공산당전당대회에서 시장경제체제 도
입을 포함하여 도이모이(쇄신)를 위한 개방·개혁 정책을 채택했고,
1987년에는 공식가격과 시장가격의 격차를 줄이고, 배급제도를 다
수 철폐했으며, 개인 간의 상거래를 자유화하고, 「외국인투자법」을
제정하였다. 1988년에는 「외환관리법」, 1990년에는 「민영화법」과
「회사법」을 제정하여 개인기업제도를 활성화하고자 하였다.
  1995년에는 ASEAN 회원국으로 가입하여 국제사회의 일원이 되

었고, 증권거래위원회가 1996년 설립되어 2000년 호치민시증권거래센터로, 2005년 하노이증권거래센터로 운영을 시작했다가, 2007년 호치민증권거래소로, 2009년 하노이증권거래소로 정식 개장하였다.

쩐티트엉Tran Thi Thuong의 연구에 따르면 베트남도 1988년 이전에는 사회주의 경제를 위한 회계제도를 유지하고 있었으나, 1988년 '회계 및 통계에 대한 조례'를 발표하여 회계거래, 계정과목, 장부, 재고자산, 재무제표 및 검사에 관한 규정을 마련하였다. 이에 따라 1989년 정부는 '국가회계조직헌장'과 '회계책임자헌장'을 공포하고, 새로운 회계 시스템을 제시하였다. 베트남 재무부는 1995년에 기업회계체제를 도입했으며, 1996년에는 중소기업에 대한 회계제도를 도입하였다.

2001년 2002년에 베트남회계기준위원회에 의하여 국제회계기준과 베트남의 특수성을 감안한 10개의 베트남회계기준VAS이 제정되었다. 동 기준은 1988년에 발표된 조례와 상충되어 현장에서 적용하기가 어려워 2003년 이를 통일하는 「베트남 회계법」이 베트남 국회에서 제정되었다. 동 법은 '1988년 조례'를 대체하는 것으로 베트남의 국영기업, 회사, 지점, 외국계 기업의 연락사무소 등도 모두 적용하도록 하였다. 동 법에 따라 베트남 정부나 재무부가 회계기준, 법령, 지침을 제정할 수 있는 법적 근거가 마련되었으며, 베트남의 회계제도가 국가회계, 기업회계, 은행회계, 조합회계로 명확하게 정의되었고, 회계제도가 베트남 정부의 관리하에 시장경제체제를 지원하고 국제화하게 되었으며, 대학 및 전문 교육기관의 학부과정과 대학원과정에서 전문 회계교육 수준을 높일 수 있게 되었다.

2003년 이후 2005년까지 국제회계기준을 근거로 16개의 베트남 회계기준이 추가로 공표되어 연결 및 기업결합과 관련된 기준까지 정비했으며, 현재 26개의 회계기준이 제정되어 있다. 일부 베트남 기업은 외국투자자를 위하여 국제회계기준을 주석사항으로 보충하여 제공하고 있으며, 베트남 재무부는 2023~2025년에 국제회계기준을 도입하겠다는 일정을 제시하고 있다.

체제개방과 더불어 외국의 회계법인의 자유로운 진출도 허용되어 대부분의 글로벌 회계법인이 진출했으며, 1990년부터 외부감사제도가 도입되어 1991년에 2개의 국영 회계법인이 설립되었다. 이러한 과정을 거쳐 1994년 1월 「국가경제의 외부감사에 관한 규정」이 제정되었다.

규제 당국으로는 재무부의 회계 및 감사정책국[AAPD; Accounting and Auditing Policies Department]이 있으며, 구체적인 계정과목, 회계처리, 공시에 대한 내용을 규정하고 있다.

중국

중국은 1978년의 중국공산당 제11기 3차 중앙위원회 전체회의에서 경제를 개방하고 외국의 자본과 기술을 도입하는 정책을 제시함으로써 시장사회주의 체제를 도입하였다. 오승렬에 따르면 개방·개혁 초기에는 체제의 불안정성 등으로 외자유치가 쉽지 않았고, 외국의 기술이나 경영기법을 중국에 적용하기도 어려운 상황이었다. 이에 중국정부는 수출에 유리한 환경을 제공하여 홍콩이나 대만의 자본을 유치하려고 경제특구 건설을 추진하였다.

경제특구에서 성공적으로 실험된 개혁정책은 전국적으로 확대되었으며, 경제특구의 완충적인 역할은 홍콩 및 대만의 자본과 기술을 성공적으로 유치하게 해 주었다. 홍콩 및 대만으로부터의 직간접 투자는 개혁 초기에 필요한, 즉 수출상품의 제조기술뿐 아니라 시장경쟁을 위한 기업관리 및 기술유입의 주요 통로로 작용하였다. 《중국회계 30년사》에 따르면 경제체제의 전환과 함께 1979년 '중외 합작투자'에 의하여 외국자본이 도입되었고 합작법인이 설립되기 시작함에 따라 시장경제에 따른 회계와 외부감사의 필요성이 대두되었다. 따라서 1979년 재정부 내에 회계사會計司, Accounting Rule Division가 설치되었으며, 1980년 1월 중국회계학회가 결성되었고, 그 해 12월 공인회계사제도가 도입되었다. 또한 1984년에 회계 담당자의 근무규칙과 '공업기업 회계방법'을 제정했으며, 업무분장에 대한 내부 통제제도를 도입하였다. 경제특구의 경우 체계적이고 전국적으로 적용되는 회계제도가 정립되기 전이었으므로 해당 특구의 조례에 의하여 회계가 운영, 관리되었다.

1985년 1월 제6회 전국인민대표대회 상무위원회 제9차 회의에서 그 해 5월 1일부터 시행된 「중화인민공화국 회계법」을 통과시켰으나, 과거의 사회주의 체제의 관행으로 회계는 제도적으로 크게 발전하지 못하였다. 본격적인 회계제도의 발전은 1992년 덩샤오핑의 남순강화南巡講話 이후부터인데 제10차 5개년 경제개발계획이 본격화되면서 시장경제로의 체제전환이 가속화되어 중국기업의 해외상장 및 외국기업과의 합작투자가 활성화되었다. 이때부터 회계제도 역시 시장경제체제의 제도를 적극적으로 도입하기 시작했는데, 1992년 재정부는 이른바 양측양제兩則兩制의 기업회계준칙과 기업재무통칙을 발표하여 새로운 회계제도의 근본을 마련했고, 1999년 「회계법」을 개정하여 내부 회계관리제도에 대한 규정을 도입하였다.

2001년에 중국이 세계무역기구WTO에 가입하면서 선진국과의 국제 무역 및 자본 흐름이 증가했고 많은 기업이 홍콩, 미국, EU에 상장됨으로써 중국의 회계기준에 새로운 변화가 요구되기 시작하였다. 이 시기에 3개의 회계제도가 정립되었는데 2000년 12월 재정부는 '기업회계제도'를 공표했으며, 2001년 11월 금융기업 회계제도를 통일하기 위하여 '금융기업 회계제도'를 제정하였다. 2004년 4월에는 '소기업 회계제도'가 제정되어 일반기업, 금융기업, 대기업 및 중소기업을 포괄하는 회계제도가 완성되었다. 1997년 아시아의 외환위기 이후 2001년까지 특수 관계인 거래 및 공시를 포함한 16

개의 회계준칙이 발표되어 기업회계제도를 뒷받침하였다.

제16차 중앙위원회 삼중전회 이후 중국의 기업들은 국제경쟁력을 강화하고, 정부의 해외직접투자 전략을 실행하면서 국제화에 맞는 회계제도가 필요해졌다. 이에 따라 2005년 2월부터 중국 재정부 회계준칙위원회는 국제회계기준위원회와 협상을 시작하여 국제회계기준과의 정합성에 대한 어려운 협의를 거쳐 2005년 11월 협상을 타결했으며, 2006년 2월 15일 재정부는 인민대회당에서 '기업회계기준-기본준칙'과 '38개 상세준칙' 및 '기업회계기준 – 응용지침' 등을 발표했으며, 상장기업에게는 2007년 1월 1일부터 채택하도록 하였다. 같은 해에 중국회계기준과 홍콩회계기준은 일치하게 되었으며, 2008년 EU와의 협상을 거쳐 2011년부터 EU 시장에 진출하는 중국기업이 중국회계기준에 따라 작성한 재무제표는 추가적인 조정 없이 국제회계기준으로 인정받고 있다.

중국정부는 회계 전문 인력양성을 위하여 2007년 5월 전국 회계 지도자 인재양성 10년 계획을 발표하여 기업, 관료, 공인회계사, 학계에서 10년 동안 약 1,000명의 국제화되고 복합형의 회계 전문 인재를 양성하고 있다.

러시아

러시아는 1985년 취임한 고르바초프의 페레스트로이카(개혁) 및 글라스노스트(개방) 정책 이후 1993년 「신헌법」 제정을 통하여 사유재산제도 및 개인의 자유와 권리를 대폭 보장하는 자유민주주의 체제로 전환했으며, 기업활동의 자유를 규정하여 시장경제제도의 헌법적 토대를 마련하였다.

안드레아 메니켄Andrea Mennicken에 따르면 구소련연방에서 감사는 계획경제의 통제와 검사의 수단이었는데, 1987년 1월 「합작법인운영에 대한 법률」이 제정되어 외부회계감사로 발전할 수 있었던 중요한 계기가 되었고, '회계감사'라고 하는 용어가 처음 쓰이기 시작하였다. 이때부터 정부로부터 독립적인 민간 전문가들도 대가를 받고 회계감사에 참여할 수 있게 되었다. 이에 따라 구소련 최초의 회계법인이 1987년 9월 재무부의 주도하에 설립되었으며, 1988년 3월 이후에는 민간도 회계법인을 설립할 수 있게 되었다.

러시아 회계제도의 발전은 다른 중부 및 동유럽 국가에 비하여 천천히 진행되었지만 UN, EC, 세계은행, 글로벌 회계법인 등의 지원을 받아 체계적으로 이루어졌고, 1991년에는 새로운 계정과목이 제정되었으며, 1992년에는 러시아연방의 회계 및 보고 기준이 제정되었다. 이 기준에 따라 1994년부터 1997년까지 5개의 회계기준이 공표되었으며 1996년에는 「회계법」이 도입되었다.

전문감사인협회의 경우에는 각 감사인의 이해관계에 따라 100여 개까지 조직되었는데 2002년 「연방회계감사법」에 따라 정부에 자격심사를 받게 되어 공식적으로는 5개로 축소되었으며, 2019년 1

월 현재 IFAC에 러시아감사인노동조합과 감사인자율규제협회가 준회원으로 가입되어 있다. 전문감사인협회는 주로 회원의 권리와 정당한 이익을 보호하고, 감사인의 등록 및 감사인의 전문성을 향상시키기 위하여 노력하고 있다.

체코공화국

체코공화국은 동유럽 국가들의 자유화에 영향을 받아 1989년 벨벳 혁명을 통하여 체제전환이 시작되었다. 타티아나 추다(BC. Tatiana Chudá)에 따르면 체코공화국은 계획경제에 맞는 회계제도를 유지하고 있었으나 체제전환 과정에서 1991년 「회계법」을 최초로 의회 입법으로 제정, 1992년 1월 1일부터 시행하였다. 「회계법」은 모든 조직에 적용되며 일반원칙 이외에 작성해야 하는 재무제표의 종류, 평가방법, 재고자산에 대한 내용이 포함되어 있다. 조세개혁 때문에 조금 늦어졌지만 1993년 1월 1일부터는 기업에 맞는 계정과목표 및 회계절차가 도입·시행되었는데, 회계처리 및 재무제표 작성의 표준화를 위한 시도로 판단된다.

체코공화국은 회계제도를 시장경제체제를 구축하는 데 있어서 중요한 '제도'로 인식하였다. 회계기준이 제정되기 전까지 재무부에서는 1)계정과목표, 2)회계절차, 3)재무제표의 내용에 대하여 규제적 지도를 실시하였다. 그러나 이러한 회계기준 규제는 EU 가입을 위한 준비와 체코의 국가회계위원회의 영향에 따라 2003년 말까지 체코의 회계기준에 의하여 대체되었다.

체코공화국은 전문감사인제도가 없었다. 따라서 감사인이 체계적인 교육이나 경험을 쌓을 수 있는 기회가 없었다. 그리고 체제전환 이후에 1989년부터 1992년까지 외부합작법인에 대해서만 외부감사를 받도록 제도화하고 있었다. 1992년 10월 「외부감사에 관한 법률」을 통하여 비로소 감사인의 자격, 규제, 독립성에 대한 내용을 제정하였다. 그때까지 외부감사인에 대한 인식이 높지 않았으며 해외의 대형 회계법인이 진출하여 중요 대기업의 회계감사를 담당하게 되었다. 체코의 감사인협회는 1993년에 설립되었으며, 감사인 등록, 품질감리, 윤리규정 및 감사규정의 제정 등의 업무를 담당하고 있다. 이외에 1990년에 자발적으로 설립된 공인회계사연합회가 있다.

회계제도에 대한 규제기관으로는 재무부 이외에 공공감사감독위원회가 2009년에 만들어졌는데 현재 이해 관계자에 대한 감사 서비스의 투명성과 신뢰도 향상을 위하여 체코의 감사인협회, 회계법인, 대내외 투자자 등을 감독하는 기능을 맡고 있다.

폴란드

폴란드는 1989년 헌법 개정을 통하여 서구식 민주주의 및 시장경제체제로 전환하였다. 나프차 라미야프(Navchaa Lamjav)에 따르면 1930년대 전까지는 국가 차원에서의 회계가 없었으나, 제2차 세계대전 때 독일의 영향으로 통일된 회계정책이 실시되었으며 종전 이후에는 계획경제회계로 전환되었다. 1989년 이후에 시장경제체제에 맞는 회계 시스템이 도입되었고, 2004년에 EU에 가입하는 과정에서 EU의 회계기준과 일치시키기 위해 노력했다.

체제전환 과정에서 회계원칙은 경제적 성과를 측정하고 시장에서 의사소통을 담당하는 제도로써 중요한 역할을 수행했는데, 1989년 이후 재무부는 회계제도를 규범화하여 발전시켰다. 이 과정에서 재무부는 1934년에 제정된 「상법」을 부활시켰으며, 1991년에는 '회계원칙'을 발표하였다.

「회계법」은 1994년에 제정되었으며, 이 법에 따라 기업들은 장부를 유지하고 재무제표를 작성해야 하며 상장법인, 합작법인 및 대기업은 재무제표에 대한 감사를 받아야 한다. 그리고 「회계법」에 포함되어 있지 않은 회계문제에 대해서는 회계기준위원회에서 발행되는 회계기준이 적용될 수 있도록 했으며, 만일 폴란드 회계기준에 없는 회계문제가 발생한다면 국제회계기준을 따를 수 있도록 규정하였다.

전문감사인협회로는 폴란드회계사협회 1907년 창설되었으나, 공식적으로는 1991년에 폴란드 외부감사인협회가 조직되었으며 현재 감사기준 및 외부감사인의 자격과 관련된 문제 등을 관리하고 있다. 규제기관으로는 2009년에 회계감사감시위원회가 설립되어 공인회계사의 감사업무 수행, 조직운영 등에 대한 감독을 담당하고 있다.

헝가리

헝가리는 1968년부터 동유럽 국가 중에서도 시장경제 요소를 사회주의 경제에 우선적으로 도입하고 점진적인 경제개혁을 추진해 왔다. 1989년 이후 시장경제체제를 본격적으로 도입했고, 경제체제의 전환에 따라 헝가리는 1991년 EU와 협약을 맺고 EU 가입을 논의하기 시작하였다.

그 과정에서 1991년 EU의 기준에 따라 '회계법'을 도입하고 기업들의 재무제표작성 및 공시의 근거를 마련했으며 이를 보완하여 2000년에 개정하였다. 동 「회계법」은 IMF 이전의 우리나라 기업회계기준과 같은 형식으로 기재되어 있다. 헝가리 정부에서 회계기준의 제정은 경제개혁 초기 경제부 산하의 '조세 및 재정규제사무국'에서 주관했다가 2003년도 이후 헝가리 경제부로부터 위임을 받아 헝가리회계기준이사회Hungarian Accounting Standards Board에서 제정하고 있다. 헝가리는 2002년 EU 1606/2002에 따라 EU 가입(2004) 이후

2005년부터 상장법인의 경우 국제회계기준을 따르고 있다.

전문감사인협회로는 1997년 헝가리감사인협회가 설립되어 감사기준의 제정, 윤리규정 및 품질관리, 감사인등록 등의 업무를 수행하고 있다. 규제 당국으로는 2013년까지 헝가리금융감독원이 있었으나 그 이후에는 외부감사인 감독기관으로 대체되었다. 과거 금융감독원은 상장법인, 은행, 보험회사 및 기타 금융기관의 재무제표를 검토했으나 법적으로 요구되는 재무제표가 공시되었는지 여부를 확인했고 동 재무제표가 헝가리 회계기준을 준수하고 있는지까지 확인하지는 않았다.

체제전환국가로부터 무엇을 배울 수 있나?

상기 사례에서 비교국가들은 여러 가지 체제전환의 유형에도 불구하고 모두 전면적인 경제개방을 했으나, 회계제도 개혁은 시장경제와의 차이로 오랜 시간에 걸쳐 신중하게 접근하였다. 비교국가의 사례에서 살펴본 시사점은 다음과 같다.

경제공동체는 회계제도 발전의 지름길이다

체코, 폴란드, 헝가리의 사례에서 보듯이 동 국가의 EU가입이 회계제도의 선진화에 많은 도움이 되었다. 체제전환 과정에서 EU는 정치적 민주화와 경제체제의 이행 방향을 제시하는 중요한 기준점이 되었으며 방향성과 목표가 되었다.

EU 가입을 위해서는 1993년 합의된 이른바 '코펜하겐' 기준을 준수해야 하는데, 정치적·경제적 기준 이외에 '공동체 법규'도 지켜야 한다. 여기에는 상장법인에 대한 국제회계기준의 적용과 외부감사인의 자격 및 독립성에 대한 조건이 포함되어 있다. 이에 따라 중부 및 동부 유럽에 속한 체제전환국가들은 빠른 시간 내에 통일된 회계제도를 구축하게 되었으며 EU 경제공동체가 발전하는 데 회계제도 또한 많은 기여를 하였다.

한편 1967년에 창설된 동남아시아국가연합^{ASEAN} 및 2015년 출범한 유라시아경제연합^{EAEU}의 경우 아직 금융과 자본시장이 통합되지 못하여 회계제도 또한 단일화되지 못했지만, 무역과 투자가 자유화되고 국제화됨에 따라 회원국의 회계제도 발전에 많은 도움이 되었다. 특히, 베트남의 경우 회계제도를 개방하고 국제회계기준에 근거한 베트남회계기준을 제정하는 데 동남아시아 국가 연합의 영향을 많이 받았다.

북한이 경제개방에 따라 독자적으로 회계제도를 발전시킬 경우 국제기준과의 정합성 및 남북 간의 회계제도의 차이가 발생할 수 있고, 그럴 경우 남북 간의 경제협력 및 통합에 회계제도가 걸림돌이 될 가능성이 높다.

과거 중국이 개방할 때, 대만과 홍콩의 화교들이 경제적·제도적으로 많은 지원을 제공한 바와 같이, 북한은 남한 정부, 학계 및 민간 전문가들로부터 축적된 경험과 전문지식을 전수받을 수 있는 좋은 환경을 가지고 있다. 북한의 체제개방 시 경제공동체를 염두에 두고 남북 간에 회계제도 통일에 대한 기본계획Master Plan과 실행계획Road Map이 긴밀히 합의되고 이행된다면 체계적이면서도 신속하게 북한의 회계제도가 발전하고 남북 간의 회계제도가 통일될 수 있다고 판단된다.

국제적 정합성을 높이고 회계전문가의 도움을 받아야 한다

체제전환국가들이 경제를 개방하는 과정에서 회계제도를 개혁할 때 각 국가의 문화적·정치적·경제적 환경, 역량 등에 따라 서로 다른 접근방법을 수립할 수 있으나, 회계제도의 특성상 체제전환국가에서는 대부분 회계의 신뢰도를 제고하기 위하여 국제적 정합성이 고려되었다.

딜로이트의 분석에 따르면 EU에 가입할 때 IFRS를 도입한 폴란드, 루마니아뿐만 아니라 베트남 및 중국의 경우에도 국제기준에 근거하여 자국의 회계제도를 개발하였다.

베트남의 재무부는 2001년도부터 국제회계기준 및 국제감사기준과의 정합성에 많은 관심이 있어 당시 국제회계기준International

Accounting Standard에 따라 베트남 회계기준을 제정했으며 국제감사기준 International Standard on Auditing은 바로 채택하였다.

중국의 경우 1990년대의 기업회계준칙과 기업재무통칙을 개선하기 위하여 2000년 12월 기업회계제도를 공표하고 2001년까지 회계준칙을 지속 발표했으나, 국제화에 맞는 회계제도의 필요성을 인지하고 2006년 2월 국제회계기준에 근거를 둔 기업회계 기준을 발표하였다. 2010년 4월 재정부에서는 동 기업회계기준을 지속적으로 국제회계기준과 일치시켜 나가겠다는 계획 Road Map을 발표하였다.

이러한 과정에서 국제적 정합성을 제고하면서 회계기준과 감사기준을 체제전환국의 경제발전 상황에 따라 제정하고 실무적용을 지원해 줄 수 있는 위원회 또는 전문기관의 설립 또한 필요하다. 이때 감사기준은 외부감사와 관련된 것으로 비교적 용이하여 수용할 수 있으므로, 체제전환국들은 외부감사인협회에 위임하여 감사기준을 제정하도록 했으며, 회계기준의 경우에는 경제의 규모가 커지고 복잡하게 됨에 따라 회계전문위원회 또는 기관을 설립하여 대응하였다. 이러한 위원회 또는 기관의 설립은 시장경제체계하의 국제금융기구 및 선진국에서 제안하는 여러 회계제도 중 국제적 정합성을 고려하면서도 각국에 가장 맞는 제도를 선택하고 운용하는 데 많은 도움이 될 것이다.

북한의 경우에도 경제개방 시 경제특구의 발전상황, 남북경제협

표 3

국가	회계기준명(영문)	제정기관	제정연도	국제회계기준과의 정합성
베트남	Vietnamese Accounting Standards(VAS)	재무부 (Ministry of Finance)	2001년도부터 제정	IAS를 근거로 제정함
중국	Accounting Standards for Business Enterprises [ASBEs]	재정부 (Ministry of Finance)	2006년	IFRS와 상당히 일치함

력, 외국인 투자규모 등에 따라 회계제도를 발전시켜 나갈 때 국제적 정합성을 갖추기 위하여 전문가의 도움이 필요하며 이를 위하여 한국의 공인회계사회와 국제회계사연맹International Federation of Accountants 등의 협조를 받는 것이 바람직하다고 판단된다. 실제 북한은 2004년 한국공인회계사회 임원진의 지원을 받아 아시아태평양회계사연맹CAPA에 준회원으로 가입하여 활동하기도 하였다.

외부감사인 및 전문가협회는 필수다

체제전환 시 회계제도에 대한 정책은 국가 또는 정부가 제정할 수도 있으나, 회계개혁이 이행되려면 회계기준과 회계감사에 관한 전문지식과 경험을 보유하고 있는 외부감사인과 협회가 발전해야 한다. 시장경제하의 협회의 경우 외부감사인 자율규제기관으로서 공인회계사의 자격 및 직무를 개선·발전시킬 수 있도록 지원하고 회원의 지도 및 감독에 관한 업무를 수행하고 있다. 협회의 업무에는 일반적으로 회계감사기준의 제정, 윤리기준제정, 교육 관련 기준제정, 계속적 전문능력 개발교육 등이 포함되어 있다.

러시아에서는 1991년에 약 180개였던 회계법인이, 외국인투자, 민영화 등에 따른 외부감사 수요의 급증으로 1996년에는 약 3,000개로 증가하였다. 하지만 체제전환 초기에는 회계기준과 감사기준 등 회계규정을 제대로 이해하고 있는 전문가들이 많지 않았다. 또한 공인회계사시험의 수준이 낮아 부실한 회계감사가 이루어졌고, 이후 구조조정 과정을 겪기도 하였다. 이런 예에서 회계개혁이 이행되려면 전문가 조직을 육성시켜야 하며, 이를 체계적으로 잘 관리하는 것이 필요하다는 것을 알 수 있다. 비교 국가도 체제전환의 초기 단계에서 전문가협회를 결성했으며 이를 통하여 외부감사의 품질을 유지하고자 하였다.

북한이 경제개방을 하면 역시 외부감사인에 대한 수요가 급증할 것으로 예상되는데, 이러한 경우 외부감사의 신뢰도를 확보하기 위하여 개성공업단지의 회계검증제도와 마찬가지로 남한의 회계법인을 적극 활용하는 것이 바람직하며 금융위원회 및 한국공인회계사회 등의 지원을 받아 공인회계사 및 협회의 육성방안을 체계적으로 강구해야 한다.

회계전문가 양성을 위한 교육과 투자가 절실하다

체제전환국 사례에서 보면 경제개방 초기에 시장경제의 회계 전문가 수요가 증가하고 외부감사의 필요성이 대두되면서 기업 및 회계법인에서 근무할 회계 전문가 양성이 필요하다. 탄쭈^{Thành Chu}에 따르면 베트남에서는 체제전환기에 약 17개 대학에서 회계 전문가 양성을 위한 프로그램을 제공했는데, 이중 6개의 국립대학은 정규 학사과정을 운영했으며 그중 4개 대학이 회계교육에 적극적으로 참여하였다. 이외에 많은 훈련기관 및 대학에서 회계 훈련 프로그램을 제공했는데, 2000년 기준으로 회계훈련을 받은 학생이 약 7,000명에서 8,000명에 이르며, 약 6만 5,000명에서 7만 명 정도의 인원이 회계 관련 업무에 종사하고 있는 것으로 분석되었다.

중국에서는 1998년 세계은행의 도움을 받아 전문 회계사를 양성했는데, 7900만 달러를 투자하여 국가회계연구원에 연수원을 설립하여 시장경제에 필요한 회계, 감사, 재무관리 등에 대한 교육을 제공하였다. 이 연수원은 베이징 수도공항고속도로 서쪽의 순이구^{順义区} 텐주^{天竺} 개발구에 학생 약 1,500명을 동시에 수용할 수 있는 규모로 설립되었다. 당시 중국의 회계사는 약 12만 2,000명, 국영기업 1만 5,000개의 회계 담당자는 45만 명, 금융기관 1만 7,000개의 회계담당자는 20만 명 정도로 추산되었으며, 중국의 공인회계사는 3년마다 180시간의 전문교육시간을 이수하도록 규정되어 있다.

북한 또한 경제체제 개방 시 회계교육을 하려면 시장경제에 기반을 둔 교과과목, 회계 전문 강사 및 교재 등과 시설에 대한 투자가 필요할 것으로 판단되며, 한국의 대학교, 학회, 연구기관, 한국공인회계사회 및 국제기구 등의 협력과 지원을 받는다면 체계적이고 효율적인 교과과정, 교재 및 시설투자에 대한 지원을 받을 수 있을 것으로 기대한다.

• **이재일 고문**은 경북대학교 경영학과를 졸업하고, 서울대학교 대학원 경영학과를 졸업하였으며 Harvard Business School의 공유가치창출(CSV) 과정을 수료하였다. 현재 딜로이트 안진 회계법인의 한반도경제협력지원센터의 센터장을 맡고 있으며, 개성공단회계검증사무소 대표 및 통일부 개성공단 법률자문위원을 역임하였다. 개성공단실태보고서 작업 및 연구용역에도 참여한 바가 있다.

경제개방과 회계 인프라 구축 전략

한국공인회계사회_이정헌, 박성원, 이승환
정도진_중앙대학교 경영학부 교수

최근 우리나라를 방문한 유명한 투자 전문가 짐 로저스도 북한의 경제개방에 대하여 모두에게 도움이 될 것이라며 긍정적인 평가를 하였다. 그러나 북한이 경제개방에 성공하려면 베트남, 중국 등의 회계제도 발전과 재원조달 사례를 되새겨 볼 뿐만 아니라, 국제금융기구들의 적극적인 투자가 필요하다. 또한 국제적 투자를 이끌어 내려면 재정투명성 확보를 위한 신뢰성 있고 목적 적합한 회계정보를 제공해야 하며, 이를 위해서는 단계적인 회계 인프라 구축이 필요하다.

도이모이(쇄신) 3O년의 성과, 베트남 회계[1]

먼저 사회주의 국가에서의 회계 인프라 구축 사례로 베트남의 도이
모이와 베트남 회계에 대하여 알아보겠다. 1986년 도이모이 경제
개혁 이후 베트남 경제는 고도의 성장을 이루었다. 베트남 정부는
외국자본을 조달하기 위하여 100% 외국자본 투자를 보장했고, 법
인세 면제, 토지사용권 제공 등 파격적인 경제개방 정책을 시행하
고 있다. 삼성전자, LG전자, 효성을 비롯한 유수의 한국기업들이 베
트남 진출을 시도했고, 성공적인 투자성과를 이루었다. 한국 대기
업과 관련 협력업체들은 베트남의 경제성장을 이끌어 가는 데 한
축을 담당하였다. 한국 기업의 성공적인 사회주의 국가 투자 경험
을 감안해 볼 때, 북한의 경제개방에 대한 벤치마킹할 만한 국가로
서 베트남의 중요성은 매우 크다고 할 수 있다.

경제개방과 더불어 발전한 베트남 회계

1990년 후반 이후 베트남의 경제개방이 본격적인 궤도에 오르면
서, 베트남의 회계감사 시스템 및 제도가 동시에 발전한다. 20년
이 지난 지금 회계법인은 양적인 면과 질적인 면에서 모두 현저하

---

1. 한국공인회계사회의 딜로이트 베트남 관계자 인터뷰, PwC 베트남 발간 자료 등을 요약한 내용에 근거하였다.

게 성장했으며, 기업의 투명성 확보, 우호적인 투자환경 조성, 사회·경제적 발전 촉진 등에 기여하고 있다. 베트남의 회계제도는 2001~2005년 사이 베트남의 상황에 맞는 베트남 회계기준을 제정하면서 그 기초가 세워졌다. 현재는 26개 회계기준[VAS]이 있으며, 베트남 회계는 원칙 중심이라기 보다는 규정 중심[Rule-based] 회계체제이다. 가장 상위 법령으로는 국회에서 제정된 「베트남 회계법」이 있으며, 회계활동은 결정문[decisions], 의정서[decrees], 시행규칙[circulars], 예규[official letters] 그리고 베트남 회계기준[VAS] 체계에 의하여 좌우된다.

전문성이 높은 회계감사 직종을 개발하기 위하여 베트남 총리령으로 1994년에 베트남공인회계사협회[VAA]가 설립되었으며, 베트남 회계사 및 감사인의 공식협회로 지명되었다. IFAC 회원이기도 한 VAA는 아세안회계사연맹[AFA] 회원이다.

회계기간은 일반적으로 12개월이고, 재무보고의 기본 재무제표는 재무상태표, 손익계산서, 현금흐름표, 재무제표에 대한 주석, 자본변동에 대한 공시가 포함된다. 베트남 회계제도 중 특이한 사항이 있는데, 모든 베트남 기업은 관련 기준 및 조건을 충족하는 회계책임자[Chief Accountant](회계장이라 칭하기도 함)를 임명해야 한다는 점이다. 회계책임자는 기업회계 및 세무적 사항에 대하여 단순 경리실무자가 아닌 CFO 정도의 지위와 권한, 책임이 있다. 회계책임자는 「베트남 회계법」 48조 및 그 시행령 37조에 명시되어 있는데 소속회사의 연간 재무제표는 회계책임자와 법정대리인(대표)의 승인을

베트남 회계 제도 체계	표 1

구분	명칭	
회계법	Accounting Law 제88/2015/QH13호(2015년)	
의정서	Decree 제174/2016/ND/CP호(2016년)	
회계법 결정문 - 26개 회계기준서	Decision 제1141/TC/QDBCDKT호 법인의 회계처리 시스템(1995년)	
	Decision 제149/2001/QD-BTC호 베트남 회계기준서 4개(2001년)	VAS 2 재고자산 VAS 3 유형자산 VAS 4 무형자산 VAS 14 수익 및 기타 수익
	Decision 제165/2002/QD-BTC호 베트남 회계기준서 6개(2002년)	VAS 1 개념체계 VAS 6 리스 VAS 10 환율변동의 회계처리 VAS 15 공사계약 VAS 16 차입원가 VAS 24 현금흐름표
	Decision 제234/2003/QD-BTC호 베트남 회계기준서 6개(2003년)	VAS 5 투자자산 VAS 7 관계회사에 대한 투자 VAS 8 조인트 벤처투자 지분 VAS 21 재무제표의 표시 VAS 25 연결재무제표와 종속회사 투자 VAS 26 특수관계자 공시
	Decision 제12/2005/QD-BTC호 베트남 회계기준서 6개(2005년)	VAS 17 (법인)소득세 VAS 22 은행 등 유사금융기관의 재무제표의 공시 VAS 23 보고기간 후 사건 VAS 27 중간재무보고 VAS 28 사업부문 보고 VAS 29 회계원칙, 회계추정의 변경, 회계오류
	Decision 제100/2005/QD-BTC호 베트남 회계기준서 4개(2005년)	VAS 11 사업결합 VAS 18 충당부채, 우발부채, 우발자산 VAS 19 보험계약 VAS 30 주당이익
회계법 시행규칙	Circular 제161/2007/TT-BTC호(회계기준서 시행규칙) Circular 제20/2006/TT-BTC호(회계기준서 시행규칙) Circular 제21/2006/TT-BTC호(회계기준서 시행규칙) Circular 제200/2014/TT-BTC호(회계법 시행규칙) Circular 제133/2016/TT-BTC호(회계법 시행규칙)	

＊출처 : 베트남의 2017년 기업회계기준과 K-IFRS의 비교연구

받아야 한다. 회계책임자는 회사의 모든 회계, 자금집행, 세무 관련 서류에 서명할 권리 및 의무를 가진다. 회계책임자의 임명은 공인

회계사의 외부회계감사 이외에도 회계·세무를 관리하는 제도이다.

외부감사에 있어 베트남은 국제감사기준을 기반으로 베트남 상황에 맞춘 47가지 감사기준을 제정하고 있다. 2012년에 37개 기준을 공포했으며, 2015년에 10개 기준을 공포하였다. 감사기준에 따르면 모든 외국투자기업의 연간 재무제표는 베트남에서 운영되는 독립적인 회계법인의 외부 회계감사를 받아야 한다.

'도이모이' 성공의 5가지 교훈

사회주의 국가인 베트남이 경제성장과 체제전환을 성공적으로 이룰 수 있었던 것은 '도이모이' 덕분이다. 도이모이는 1986년 베트남 공산당 서기장 구엔 반 린이 채택한 슬로건으로, 사회주의의 기본 골격은 유지하면서 대외개방과 시장경제 방식의 일부를 사회주의에 접목시키는 베트남의 대표적인 개혁개방 정책이다. 도이모이 정책은 전후 사회문제, 대규모 난민, 자연재해 등 복합적인 국내외 어려움을 타개하고자 한 베트남 정부의 개혁정책이다. 도이모이 정책의 가장 우선순위는 정부에서 조절하는 경제를 시장에서 조절되는 경제로 전환하는 것이었다. 중앙계획적인 경제정책 방식에서 시장지향적인 방향으로의 변경을 골자로 하되, 베트남 경제의 단계적 발전을 목표로 한다. 사회주의 체제의 붕괴 없이 연평균 6~7% 이상의 성장률을 이룰 수 있었던 것은 "도이모이를 통하여 형성한 마음가짐인 '다 함께 잘 살자'는 의지"가 중요했다고 인터뷰에 응했던 베트남 회계사는 말했다. 도이모이 성공의 5가지 교훈은 여타의 사회주의 체제 국가가 시장경제를 도입할 때 주목할 만한 시사점을 준다.

첫째, 사회주의 국가인 베트남은 자본주의식 점진적 경제개방을 선택하였지만 이념적 훼손이 없도록 명시했다. 개혁개방 과정에서 꾸준히 국가적 독립성과 사회주의를 지향하였으며, 마르크스-레닌주의를 보다 창의적으로 적용하고 발전시키도록 노력했다. 호치민의 사상과 국가전통을 계승하고 발전시키며, 동시에 시장경제를 베트남에 적합하도록 적용하였다. 진취성^{initiative}과 창의성^{creativity}이 이를 가능하게 한 교훈이었다.

둘째, 국민들의 효익, 숙련도, 책임감, 창의성 그리고 모든 인적자원을 최대한 효율적으로 향상시키기 위하여 도이모이는 '국민이 근본이다$^{People\ is\ the\ root}$'라는 개념을 항상 가지고 있어야 한다. 전 국민의 결속을 다지면서 나아갔기에 도이모이를 성공적으로 이끌어 갈 수 있었다.

셋째, 도이모이는 종합적이고 동시적으로 발생할 수 있도록 적절한 단계를 밟아야 했다. 객관적인 법, 관습에 기초해야 하나 현장감이 높아야 한다는 점이 강조되었다.

넷째, 독립성, 자율성 그리고 평등과 상호이익을 기반으로 하지만, 국가의 이익$^{National\ interest}$을 최우선으로 삼는다. 사회주의 베트남을 건설하고 확고하게 보호할 수 있도록 국가의 힘을 결합하여 증진시켜야 했던 것이다.

다섯째, 유능하고 자격을 갖춘 전략적 수준의 리더를 만들어 내고, 경제뿐만 아니라 사회조직과 정치체제 활동의 효율성을 향상시킨다. 당과 국민과의 관계를 친밀하게 강화시키는 등의 끊임없는 혁신과 자기규제를 통해 당의 지도력과 역량을 발전시켰다.

외국투자를 유인하기 위한 베트남의 정책 및 회계

도이모이 정책은 적극적인 시장개방 정책을 표방한다. 1985년 정부보조금, 배급제 폐지, 국영기업의 자유화 등 시장경제 요소를 도입했고, 1987년에는 「외국인투자법」을 공포하여 강력한 해외자본 투자 유치 정책을 펼쳤다. 각종 국제기구들은 베트남에 대하여 법률 시스템, 특히 투자 및 무역에 관한 법률 시스템을 변경하고 개정할 것을 요구하였다.

이에 베트남 국회는 최초의 「외국인투자법」(1987)을 「베트남 외국인투자법」(1996), 「베트남 외국인투자법 개정안」(2000) 등으로 개정해 가면서 해외자본 유치에 힘을 쏟았다. 한편, 1990년대 초 국내 투자자들의 투자활동은 「기업법」 및 「민영기업법」(1990)에 의하여 규율되었으며, 그 이후 「기업법」(1999) 그리고 「국내투자촉진법」(1994)으로 대체되었다.

베트남은 국내외 투자활동을 규제하고 지배할 수 있는 통일된 법률 제정의 필요성을 발견하였다. 2005년 베트남 국회는 내국기업과 외국기업 간의 차별을 없앤 새로운 기업법과 투자법을 제정하여 2006년 7월 1일부터 시행했고, 그다음 2014년에는 기업법과 투자법 개정안을 통과시켰다. 이 법은 베트남 「외국인투자법」, 「기업법」, 「국내투자촉진법」을 대체하였다. 또한 베트남 국회는 제도와 사업 환경을 강화하기 위하여 민법, 상법, 보험법, 금융기관법 등 여러 가지 중요한 법을 채택했고, 점차 국유기업법, 증권법 등 비즈니스 법률 시스템이 완성되어 갔다. 이는 베트남의 경제 발전과 도약을 위한 국내외 투자에 대한 토대를 마련하기 위한 확고한 기반 역할을 수행하였다.

사회 인프라 및 각종 산업을 개발하기 위한 외국인직접투자[FDI]는 다양한 정책혜택으로 장려되었다. 하지만 단지 자금의 투입뿐 아니라 실질적인 베트남 경제개발을 위한 FDI 품질의 중요성이 대두되었다. 베트남 정부는 임가공산업뿐 아니라 고부가가치 첨단기업이 베트남에 손쉽게 진출할 수 있도록 세제혜택은 물론 각종 법률적인 약속을 보장하였다. 외국인 투자자, 특히 대규모 경제 그룹이 투자에 관한 WTO 규정의 이행과 법률에 대한 약속을 명시적으로 명확하게 해 줄 것을 베트남 정부에 요구했기 때문이다. 베트남 정부는 무역문제, 분쟁해결, 그들의 투자 및 비즈니스 프로세스를 안전하게 지켜줄 것을 약속하였다.

일부 세계 경제학자들은 '투자 장려를 위한 전쟁'이라고 불리는 상황 속에서 이웃지역과의 과도한 경쟁은 불필요한 인센티브를 남발하여 오히려 지역사회에 부정적인 영향을 미친다고 지적한다. 그럼에도 불구하고 안정적인 FDI 정책은 투자자의 정당한 요구사항이기에 베트남 정부는 이를 최대한 수용하려고 노력하고 있다.

베트남의 성공과 회계

베트남은 경제개방을 통하여 사회주의 체제와 구조가 가진 후진성, 경기침체를 올바르게 인식할 수 있었다. 경제적인 측면에서 개인의 창의성을 이끌어 내기 위하여 자본주의 시장경제는 도입되어야만 했다. 다만 경제개혁에 초점을 맞추고, 경제발전을 위한 올바른 해결책을 내는 데 '혁신적인 사고'가 사용되어야 한다는 점은 잊지 말아야 한다. 특히 국가경제가 핵심적인 역할을 수행하는데 '회계'는 중요한 역할을 수행한다. 일관된 개혁개방정책은 국가, 집단, 소액주주, 사적 자본주의, 국가 자본주의 등 다차원적인 실물경제에 영향을 미치게 된다.

경제개방을 선택한 베트남은 보조금을 지급하는 중앙집중식 메커니즘을 제거하고 시장 메커니즘을 도입하려고 하였다. 그러나 그 와중에 '시장'이 국가 주도의 경제개발보다 앞서 나가는 것을 제지해야 하였다. 기존의 회계가 중앙집중식 통제기능의 역할을 했다면, 도이모이 초기 선진 회계 기법의 습득과 이용은 국가 사회주의 기반을 중심으로 한 관리체계에서 시장 메커니즘으로의 전환을 촉진할 수 있는 원동력이 되었다. 초기 경제는 폐쇄에서 개방으로 변하고, 세계경제에 통합되는 방향으로 나아가게 된 것이다.

베트남 정부는 외교문제와 관련하여 독립적이고 자립적인 대외정책, 국제관계의 다자간 공동정책 및 다변화를 일관되게 시행해 왔다. 마찬가지로 회계제도 역시 국가 주도적인 경제개발의 툴로 수용되었다. 하지만 최근에는 기업의 이해관계자를 위한 정보제공의 역할을 수행하도록 국제 정합성을 높이려 하고 있다. 베트남 도이모이 정책의 취지가 "베트남이 국제사회에서의 평화와 완전한 독립을 실현하고, 나아가 경제발전을 위하여 노력하는 신뢰할 수 있는 파트너가 되는 것"이라고 한다면, 그 '신뢰' 확보를 위하여 가장 중요한 것이 바로 '회계'와 법제도적 장치라고 말할 수 있다.

경제개방 단계별 회계 인프라 구축[2]

북한의 경제개방이 성공하려면 필요한 재원을 조달할 수 있어야 한다. 따라서 경제개방을 경험한 국가의 재원조달 경험을 검토해 봐

---

2. 이후 내용은 중앙대학교 정도진 교수가 기술한 내용이다.

야 한다. 여기에서는 베트남의 재원조달 경험을 회계적 관점에서 살펴보겠다.

베트남 등 경제개방국가의 재원조달 경험과 특성

베트남은 북한이 직면하고 있는 미국의 경제제재에서 국교 정상화 문제를 해결하고, 베트남식 경제개방정책(도이모이)을 추진하여 성공시켰다. 이에 베트남의 경제개방 경험을 통하여 북한에 대한 시사점을 찾아볼 수 있다. 물론 중국도 정치체제를 유지하면서 사회주의 시장경제를 성공시켰다. 중국은 거대한 국가 규모와 막대한 중화권 자본을 이용하여, 경제특구를 지정하고 국내기업을 활성화한 뒤 외자유치에 나섰다. 그리고 합작기업 형태의 투자를 장려하여 기술을 이전받으려고 힘썼다. 반면에 베트남은 국가 규모나 지원해 줄 동포 자원이 없었기 때문에 경제개방 초기부터 외국 자본을 적극적으로 유치하였다. 그리고 독자, 합자, 합작 투자 등 설립 형태의 선택이 보다 자유롭다. 하지만 주로 생산기지 역할을 하다 보니 기술 이전이 활성화되지 않아 자국 기업의 기술경쟁력이 약하다는 단점이 있다.

북한의 경제협력자금의 수요는 한국의 부담 능력을 크게 초과하며, 경제특구를 지정하여 외자유치 및 경제위기 극복을 시도했지만, 한국의 동포 자본이 투입된 개성공단 이외에 실효성 있는 성과를 거두지 못하였다. 이런 측면에서 중국보다 베트남의 경제개방 경험을 북한에 접목하는 것이 실효성이 있을 것으로 판단된다.

1] '도이모이'가 북한에 던지는 시사점

베트남은 1995년 미국과의 국교 정상화 이전인 1986년 제6차 공산당대회에서 개혁·개방정책의 슬로건으로 '도이(변경한다) 모이(새롭게)'를 채택하였다. 북미정상회담이 2월 27일 베트남에서 개최되면서, 베트남의 도이모이는 더욱 주목받고 있다. 베트남은 도이모이 노선을 단계별로 추진하여 시장경제체계로의 전환은 신속히 진행하고, 외자유치 등 경제개방은 점진적으로 진행하였다. 도이모이의 3단계별 개혁·개방 내용을 구체적으로 살펴보면 다음과 같다.

도이모이 제1단계는 도이모이 노선을 채택한 1986년부터 1994년까지로, 베트남의 경제제도를 시장경제로 전환한 시기이고, 미국과의 관계정상화 로드맵에 따라 경제제재 조치가 해제된 시기이기도 하다. 이 시기 중 1989년 경제제재의 원인이었던 캄보디아에서 철수했고, 1992년 시장경제 도입을 명시한 헌법을 제정하였다. 구체적으로, 무상 배급제를 폐지하고 가격자유화를 실시했으며, 국유기업을 민영화하는 등 시장경제체제의 전환을 신속하게 진행하였다. 또한, 경제에서 가장 높은 비중을 차지했던 농업 부문의 개혁(대토지 소유 허용, 농산물 유통 자유화)에도 집중하였다. 그리고 외국인 직

베트남의 도이모이 3단계별 주요 사건			표 2
구분	연도	주요 정책	내용
1단계: 시장경제로 의 전환 시기 (1986~1994)	1986	도이모이 채택	무상 배급제 폐지, 가격자유화, 국유기업 민영화, 시장개방과 외국인 투자 유치, 농업개혁
	1987	「외국인투자법」 제정	외국기업 자산 국유화 금지, 외자 전액출자 허용
	1990	「민영기업법」 제정	민영기업 허용
	1992	「개정헌법」 승인	시장경제 도입 명시
	1993	「토지이용법」 제정	양도, 상속, 담보 허용
	1994	미국의 경제제재 해제	경제제재 전면해제
2단계: 미국과의 관계 정상화 시기 (1995~2006)	1995	미국과의 국교 정상화	
	1995	「신(新)국영기업법」 제정	국영기업의 주식회사 전환
	1998	APEC 가입	
	2000	미국과 무역협정 체결	2001년 12월 발효
	2006	미 의회 PNTR 승인	항구적 PNTR(정상무역관계) 승인
3단계: 국제경제 편입 ·확장 시기 (2007~현재)	2007	WTO 가입	
	2007	UN 안보리 선임	비상임이사국
	2008	일본 FTA 발효	
	2015	한국 FTA 발효	
	2015	EU FTA 발효	

* 출처 : 한국은행, 2018, "국제경제리뷰" 참조

접투자 유치를 위한 경제 개방 및 수출특별구역 설립 등 개방경제의 제도적 기반을 마련하였다.

베트남은 제1단계에서 시장경제체제로의 전환을 신속하게 진행했고, 외자유치 등 경제개방은 도이모이 제2단계와 제3단계를 통하여 점진적으로 추진하였다. 도이모이 제2단계는 미국과 국교가 정상화된 1995년부터 2006년까지로, 미국과의 관계 정상화를 통하여

경제개방을 한층 확장한 시기다. 대외적으로 미국과의 국교 정상화 이후 대규모 외자유치가 시작되었고, 2001년 미국과 무역협정을 통하여 시장개방을 확대한 시기다. 대내적으로는 국영기업에 대한 개혁에 주력하였다. 가령, 1995년 「신新국영기업법」을 제정하여 국영기업의 주식회사를 추진하고 외국기업과의 합작에 관한 법적 근거를 마련하였다.

제3단계는 2007년부터 현재까지로, 국제경제에 편입된 시기다. 최근에는 국제기구에 가입하는 수준을 넘어서서 주도적으로 국제화를 확장하고 있다. 구체적으로, 2007년 WTO 가입을 통하여 국제경제에 편입되고 2008년 1인당 GDP가 1,000달러를 넘어섰다. 또한, 한국을 비롯하여 일본 및 EU와 FTA를 체결하고, 외자 유입뿐만 아니라 기술 이전을 도모하고 있다.

북한의 경제개방과 관련하여 베트남의 도이모이 3단계를 벤치마킹할 수 있다. 그런데 베트남의 도이모이 3단계를 보면, 경제제재의 원인이 된 캄보디아로부터 철수했을 뿐 아니라, 경제개방을 위한 내부적 체질개선을 신속하게 완성하였다. 베트남의 개혁 성공의 주된 요인으로 시장 메커니즘의 적극적인 도입을 거론되지만, 도이모이 1단계인 1980년 후반부터 UNDP(국제연합개발계획) 프로그램과 연계하여 IMF가 베트남의 재정·경제에 자문을 하면서 회계정책의 개혁을 지원한 사실을 간과해서는 안 된다.

따라서 북한도 미국과의 국교 정상화 목적에만 부합하는 경제제재 원인 요소만 제거하는 것에 머물 것이 아니라, 내부적으로 국가 경제의 신속한 체질개선을 위하여 노력해야 한다. 이때 한국은 IMF가 베트남을 지원했듯이, 북한의 개혁정책을 적극적으로 지원하기 위하여 회계 인프라를 비롯하여 미리 준비해야 한다.

2) 도이모이 채택 후 베트남의 경제상황이 북한에 던지는 시사점

베트남은 도이모이 노선을 채택한 이후 1인당 GDP가 1990년 98달러, 1995년 288달러, 2007년 919달러, 2016년 2,215달러로 성장하여 16년 동안 약 22배 증가하였다. 경제성장률에서도 도이모이 채택 후 1990년대 8% 이상의 높은 성장률을 기록했으며, 2000년대와 2010년대에도 각각 7%와 6% 이상의 성장률을 유지하고 있다. 이렇듯 도이모이 채택 후 베트남의 경제상황은 외자유치가 국가경제 발전의 동력이 되는 대표적인 사례가 되었다.

특히, 2007년 WTO 가입 이후 ODA[Official Development Assistance]와 FDI의 규모가 급증되면서, 1인당 GDP가 1,000달러를 넘어서는 등 2010년대에 획기적으로 증가하였다. ODA의 경우 베트남 경제개발에 있어서 고속도로 재건, 상하수도 인프라 구축 등 SOC 개발 사업에 50% 이상을 지원하였다.

베트남의 사례와 같이, 개방경제로의 전환은 외자유치가 중요하며 이러한 외자유치의 핵심은 국제기구 등 국제경제에 편입되는 것이다. 그런데 앞서 기술한 바와 같이, 북한이 국제기구에 가입하려

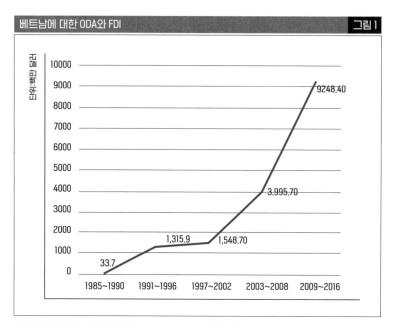

베트남에 대한 ODA와 FDI   그림 1

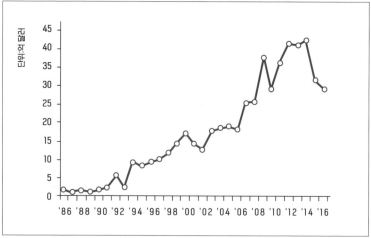

* 출처: 현대경제연구원, 2018, "베트남의 개혁·개방이 북한에 주는 시사점"

면 '정상국가로서의 가입조건'이라는 장벽을 넘어야 한다. 이에 한국은 북한이 국제기구의 회원국이 되는 데 필요한 회계기준과 통계 자료 등을 마련할 수 있도록 적극적인 지원을 준비해야 한다.

북한의 경제개방 성공을 위한 재정투명성 및 회계 인프라 구축 방안

베트남은 현재 북한이 직면하고 있는 미국의 경제제재에서 국교 정상화 문제를 해결하고, 도이모이 개혁·개방정책을 추진하여 성공시킨 경험이 있다. 이에 베트남의 도이모이 3단계 경제개방을 벤치마킹하여, 북한의 경제개방 전략과 재정투명성 및 회계 인프라 구축과제를 수립해 보았다.

먼저, 경제개방 제1단계의 경제환경 목표는 베트남과 마찬가지로 경제제재를 해소하는 것이다. 이러한 경제환경의 변화를 기반으로 시장경제체계로의 신속한 전환을 전략목표로 한다. 그리고 전략목표를 달성하기 위한 재정투명성 및 회계 인프라 구축과제는 다음과 같다. 첫째, 북한의 경제체제를 사회주의 시장경제로 전환하기 위하여 관련 법(령)을 신속히 제·개정한다. 둘째, 북한은 베트남과 달리 한국과 일본 등으로부터 동포 자본을 이용할 수 있다. 또한, 개성공단에 한국 기업을 유치한 경험도 있다. 따라서 베트남이 도이모이 정책 초기에 「외국기업자산의 국유화금지법」을 제정했듯이, 북한도 동포 자본의 유입에 위험이 되는 요인을 법적으로 신속히 폐기한다. 셋째, 북한에 유입된 동포 자본으로 취득한 자산 등 재산에 대한 권리와 의무를 명확히 식별할 있도록 회계기준을 정비하고, 이를 기록·보고할 수 있는 회계 인프라를 구축한다. 넷째, 경제제재가 순차적으로 해소될 경우 관광산업이 우선될 수 있다. 이렇듯 경제제재가 우선적으로 해소되는 산업에 주목하여 해당 산업의 회계기준을 정비하고 관련 회계 인프라 구축에 집중한다.

경제개방 제2단계의 경제환경 목표도 베트남을 벤치마킹하여, 미국 등 해외 선진국과의 무역 정상화로 한다. 북한 경제개방의 성공에 필요한 자금 수요는 동포 자본의 부담 능력을 초과할 것이므로, 2단계의 전략목표는 미국 등과의 무역 정상화를 통하여 동포 자본 이외의 해외 국가들로부터의 직접적인 투자유치로 한다. 그리고 이러한 전략목표를 달성하기 위한 재정투명성 및 회계 인프라 구축과제는 다음과 같다. 첫째, 폐쇄와 재개를 반복해 온 개성공단의 경험에 기초하면, 해외로부터 직접적인 외자유치를 위해서는 미국 등 해외 선진자본국가뿐만 아니라 북한에 영향력을 행사할 수 있는 중국 또는 러시아 등과의 국제적 합작 투자를 활성화해야 한다. 그런데 국제적 합작투자에 성공하려면 계약관계를 명확히 할 수 있는 회계정보와 이를 제공할 수 있는 시스템이 필요하다. 실례로, IFRS의 도입이 FDI의 유입에 긍정적인 영향을 미친다는 실증적 증거가 학계에서 지속적으로 제공되고 있다. 따라서 국제적 합작투자의 계약관계에 유용한 수단이 될 수 있도록 북한의 회계기준을 정비하고, 이를 기록 · 보고할 수 있는 회계 인프라를 구축한다. 둘째, 현재 북한의 특정 지역이나 외국자본의 직접투자는 각각 별도의 회계규정을 따라야 하는데, 이것은 일반적인 회계기준체계가 아니다. 더욱이 각 회계규정들이 내포하고 있는 시장경제적 요소나 국제적 정합성이 일관되지 않는다. 따라서 외자유치의 2단계 전략목표를 성공적으로 달성하려면 회계규정의 시장경제적 요소나 국제적 정합성을 일관되게 유지해야 한다. 궁극적으로는 특정 지역이나 외국자본의 직접투자에 대한 별도의 회계규정을 폐지하는 등, 북한의 회계기준체계가 통상의 일반적 수준이 되도록 정비한다. 셋째, 경제개방 2단계에서는 북한의 풍부한 지하자원 개발사업 등 천연자원을 활용한 외화가득사업을 육성함으로써, 산업화에 소요될 자본을 축적해 나가야 한다. 그런데 천연자원 회계는 그 특이성 때문에 일반적인 회계기준과 차이가 있다. 따라서 천연자원 개발사업을 촉진할 수 있도록 관련 회계기준을 제정하고, 특히 천연자원 개발의 특이성을 반영할 수 있는 회계 인프라를 준비한다.

마지막으로 경제개방 제3단계의 경제환경 목표는 국제금융기구에 회원국으로 가입하는 것이다. 그래서 제3단계의 전략목표는 국제경제의 일원으로 편입되는 것이다. 이를 통하여 동포 자본과 해외 국가들로부터의 직접적인 투자뿐만 아니라, 국제금융기구들로부터 ODA 등의 자금이 유치되기를 기대한다. 이러한 전략목표를 달성하기 위한 재정투명성 및 회계 인프라 구축과제는 다음과 같

표 3

구분	벤치마킹: 베트남		북한의 경제개방 전략		
	경제환경	도이모이	환경목표	전략목표	재정투명성 및 회계 인프라 구축과제
제1단계	미국의 경제제재 조치 해제	시장경제 체제로 도입	경제제재 해제	시장경제체제로의 신속 전환 및 동포 자본 유치	·시장경제체제로의 신속한 전환을 위하여 관련 법(령) 제·개정 ·한국과 일본 등 동포 자본의 유입에 위험이 되는 요인은 제거(예: 동포 자본 국유화 금지법) ·동포 자본으로 취득한 자산 등의 권리와 의무를 식별할 수 있도록 회계 기준을 정비하고, 이를 기록·보고할 수 있는 회계 인프라를 구축 ·경제제재 해소 산업의 회계기준과 회계 인프라 구축에 집중
제2단계	미국과의 무역 정상화	외자유치	무역 정상화	동포 자본 이외 직접적인 외자 유치	·미국, 중국, 러시아 등 국제적 합작 투자의 계약수단으로서 유용한 회계기준 정비 및 회계 인프라 구축 ·특정 지역이나 직접투자에 대한 별도 회계규정 폐지 등 통상의 일반적 회계기준체제로 전환 ·각 회계규정의 시장경제적 요소나 국제적 정합성이 일관되게 정비 ·천연자원 회계기준의 제정 및 관련 회계 인프라 구축
제3단계	WTO 가입	국제경제 편입	국제금융 기구 가입	국제경제 편입	·국제금융기구에 가입할 수 있도록 재정투명성과 회계기준 등 회계 인프라 구축 ·ODA 지원을 받는 SOC의 재정 및 회계투명성을 담보할 수 있도록 관련 회계기준을 정비하고 회계 인프라를 구축 ·자본시장에 회계정보를 전달할 수 있는 공시체계 구축

*주) 법(령)과 규정은 가칭이다.

다. 첫째, 국제금융기구의 회원국에 가입하려면 정상국가로서의 가입조건이라는 장벽을 넘어야 한다. 따라서 일반적으로 인정되는 국제회계기준에 부합되도록 회계기준을 정비하고, 이에 필요한 재정투명성과 회계 인프라를 구축해야 한다. 둘째, 국제금융기구들로부터 유입되는 ODA 등의 자금은 베트남의 경우처럼 북한의 SOC 건설에 집중적으로 투입될 것으로 예상된다. 그런데 국제금융기구들로부터 ODA 지원의 지속가능성을 유지하려면 SOC 투자에 대한 재정 및 회계 투명성이 담보되어야 한다. 따라서 SOC 관련 회계기준을 정비하고 관련 인프라를 구축해야 한다. 셋째, 북한이 국제경제에 편입되는 수준에 이르게 되면, 궁극적으로 베트남처럼 자본시장을 통하여 국내외로부터 자금을 조달할 수 있게 되기를 기대한다. 그러려면 자본시장에 회계정보를 전달할 수 있는 공시체계를 갖추어야 한다.

- **이정헌 본부장**은 현재 한국공인회계사회 연구2본부장으로 근무하고 있다. 서울대학교 경영학과와 서울대학교 대학원 경영학과를 졸업하였으며, 한국공인회계사 자격증을 보유하고 있다. 삼일회계법인 근무 당시 회계감사뿐만 아니라 다양한 경영컨설팅 경험과 더불어 약 10여 년의 Industry 근무 경험을 보유하고 있다. 한국공인회계사회에서는 현재 CPA BSI 발간의 실무총괄 역할을 담당하고 있으며, 감사위원회 운영 효율화 프로젝트 실무총괄 그리고 2018년 발간된 '세계가 놀란 개성회계의 비밀' 출간 時 실무총괄 역할을 담당하였다.
- **박성원 연구원**은 한양대학교 경영학부 졸업 후 동 대학원에 진학하여 경영학 박사를 취득하였다. 현재 한국공인회계사회 연구2본부 연구원으로 재직 중이며 CPA BSI 발간을 담당하고 있다.
- **이승환 선임**은 한국외대 정치외교학과, 연세대 언론홍보대학원을 졸업했으며, 한국공인회계사회 연구2본부 소속이다.
- **정도진 교수**는 서강대학교 경제학과 졸업 후 미국 University of Kentucky에서 경영학 박사(회계학 전공)를 취득하였다. 미국 West Texas A&M University 조교수와 금융감독원 회계제도실 팀장을 역임 후 현재 중앙대학교 경영학부 교수이며 한국 최초 IPSAS(국제공공부문 회계기준위원회)위원이다.

남북회계협력 전략적 포커스 및 로드맵

이태호_삼일회계법인 파트너, 남북투자지원센터장, 공인회계사

북한의 개혁개방과 남북경협에 대한 기대가 그 어느 때보다 높다. 북한을 둘러싸고 있는 정치, 외교 문제 해결을 위한 남북협력과 더불어 산업 전문가들은 각각의 전문 분야에서 향후 가능한 남북교류 협력방안을 심도 있게 마련해야 할 것이다. 그런 면에서 우리 회계업계는 향후 북한의 개방과 선진화를 유도할 수 있는 방안으로써 경제의 언어인 회계 협력방안을 논의해야 한다. 북한은 캐나다, 베트남, 싱가포르 등에서 회계 전문세미나에 참석하는 등 나름의 국제교류에 나서고 있는 점에 주목할 필요가 있다. 또한 회계협력 전략 포커스를 정하고 단계별 로드맵을 구체화하려면 정부, 학계, 회계업계 등이 상호 유기적인 협력 역할을 수행해야 할 것이다.

북한의 변화에 대한 기대

2019년 1월 1일, 북한의 김정은 국무위원장은 과거와는 다른 형식을 사용하고, 내용적으로도 지금까지의 신년사에서는 사용되지 않았던 단어들을 사용하면서 다소 파격적인 방식으로 신년사를 발표하였다. 여러 전문가의 분석을 통하여 내용을 정리해 보면 북한은 2018년에 시작된 비핵화 행보를 이어가고자 하는 의지를 표명하고 있으며, 북한식 사회주의 강국 건설과 경제발전, 남북관계와 북미관계 등 대외관계의 개선을 이야기하고 있다는 점이다. 또한 비핵화 과정에서 미국에도 일정한 상응조치를 요구하고 있는 모양새다.

북한의 비핵화 프로세스 이행과 미국의 상응조치로 이어지는 북미관계의 개선을 통한 대북 제재 완화가 현실화되어 간다면, 북한시장의 개방과 여러 가지 형태의 대외투자가 이루어질 것이라는 기대감을 높이고 있다. 과거의 남북경협이 개성공단이나 금강산 관광의 재개를 시작으로 기존 사업의 확대와 함께 여러 다양한 산업으로의 추가 확장을 통하여 북한은 물론 남한경제도 새로운 성장동력을 얻을 수 있을 것으로 기대하고 있다. 우리 민족이 남과 북으로 분단되어 지내온 지도 벌써 70여 년이 되었다. 이제는 분단된 과거의 아픈 역사를 극복하고 평화와 번영의 공동 미래를 꿈꾸면서 우리에게 다가올 수 있는 그날을 준비해야 하는 이유이기도 하다.

남북회계협력의 필요성

이러한 북한의 움직임 속에서 이를 둘러싸고 있는 한반도 주변 이해
관계자 간에 정치, 외교, 경제적 타산에 대한 계산이 복잡해질 것 같
다. 지금까지는 남북관계와 남북경협이라는 상대적으로 제한된 범위
내에서 경제적 교류가 이루어져 왔지만 향후 북한이 개혁과 개방의
길로 들어서게 된다면 우리는 지금까지와는 다른 비즈니스 환경을
맞이할 수밖에 없을 것이고, 철저한 경쟁 속에서 남북 간 경제협력의
새로운 실마리를 찾아야 하는 한층 어려운 숙제를 풀어가야 한다. 복
잡한 국제관계 속에서 자칫 역할이 축소되고 후순위로 밀리거나 경
우에 따라서는 배제될 수도 있다는 위기의식을 가져야 할 때다.

지금까지의 북한의 행보를 살펴보면 북한은 핵과 미사일 실험으
로 인하여 미국을 포함한 국제사회의 제재가 한층 더 강화된 속에
서도 경제발전을 위한 나름의 노력과 다양한 시도를 해오고 있으
며, 비록 미미하지만 그 나름의 성과를 보이고 있는 것으로 평가된
다. 국제사회의 제재, 원자재 유입의 한계 속에서도 평양을 중심으
로 한 대도시 지역에 건설경기가 활성화되고 있고, 최근 북한을 방
문했던 사람들이 북한의 전력사정이 과거에 비하여 개선되었다고
전하고 있다. 또한 북한의 내수시장도 북한산 경공업 제품이 증가
하고 다양해진 모습을 사진이나 영상을 통하여 볼 수 있다.

많은 전문가들은 북한의 경제발전 목표에 대하여 '단번 도약'이

라는 표현을 자주 사용한다. 이 표현은 북한이 머잖아 대외적으로 보다 적극적인 개방화정책을 추진할 것이고, 중국, 베트남, 싱가포르 등의 경제발전과 개발 사례를 벤치마킹하여 북한식 경제발전 프로세스를 추진할 가능성이 높다는 점을 설명하는 것이다. 즉, 남한이 북한의 변화 움직임이나 북한 투자에 대한 제반사항, 북한의 경제정책 등에 대하여 정확하게 이해하지 못하고, 과거와 같은 방식으로 남북경협 사업을 준비하려 하는 경우에는 남한은 북한 투자개발 분야에 대하여 한민족 또는 가장 가까이에 있는 나라라고 할지라도 제대로 된 역할을 수행할 수 있는 입지가 좁아질 수밖에 없을 것이다. 또한, 북한에 관심이 있는 잠재적인 수많은 해외 투자자를 대상으로 제대로 된 북한 투자 자문, 컨설팅을 수행할 수 있는 능력을 갖추지 못한다면, 그들은 남한이 아닌 중국 또는 러시아 등과의 전략적 파트너십을 통하여 북한에 진출할 가능성이 매우 높다. 남북경협이 과거처럼 남한과 북한 간의 사업이 아닌 국제적 비즈니스로 확대될 가능성에 대한 대비가 필요한 이유다.

또한 북미·남북 간 화해와 해빙 무드에도 불구하고 북한이 지속적으로 해외 여러 나라에서 자금 세탁을 하고 있는 실정에서, 미국 재무부는 2018년에도 러시아, 중국, 터키, 싱가포르 등의 기업과 개인에 대한 강력한 제재를 부과하였다. 북한에 대한 비핵화 협상은 협상대로 진행하면서 적어도 비핵화 문제가 해결되기 전까지는 북한의 불법거래, 자금세탁, 사치품 거래 등을 압박하기 위한 일관된 노력을 시도하겠다는 것이다. 이러한 일들이 끊이지 않는 상황을 보았을 때 북한의 경제, 금융 분야에 대한 신뢰성과 투명성을 확보하는 일이야말로 북한이 국제사회에서 신뢰를 얻고 정상적인 금융 거래를 할 수 있는 가장 기본적인 자격을 획득하는 일이 될 것이다. 그 점에서 바로 북한회계의 투명성을 확보하는 일이 가장 중요하고 시급한 일임에 틀림없다.

기업의 경제활동을 객관적이고 정확한 수치로 표기하여 정확한 정보와 신뢰도를 제공할 수 있는 회계 전문가들은 이런 시점에서 북한의 비핵화 프로세스를 유의 깊게 살펴보면서 향후 북한 시장이 개방될 경우에 대비한 회계 분야에서의 전략적 역할을 심도 있게 고민하고 준비해야 할 시기다. 북한이 원하는 대로 여러 경제특구와 경제개발구 등에 투자를 유치하고 경제성장을 이루어 가려면 우선 북한은 국제사회에 정확한 통계정보와 신뢰성 있는 금융 리포트를 제시할 준비가 되어 있어야 할 것이다. 북한이 비핵화 프로세스를 성실히 이행하고 어떤 형태로든 북한에 대한 제재가 단계적으로 완화되면서 북한에 대한 인도적 지원이나 경제 프로그램이 재개되면 소규모 수준에서라도 투자가 시작될 것이고, 이에 맞추어 북한도 과거와는 다른 변화된 모습을 보여 주어야 한다. 여러 형태의 지원, 투자를 통하여 나타나는 다양한 거래를 보다 정확하고 신속하게 기록하고 정리하여 제공함으로써 지원과 투자 주체로부터 신뢰를 높이고, 더 나아가 국제통화기금 등 국제금융기구의 가입이 조기에 이루어질 수 있는 조건을 갖추어야 할 것이다.

투자가 활성화되기 위한 가장 중요한 요소는 투자자본이 어디에 투자되고 얼마만큼의 성과를 거두었는지에 대한 신뢰성 있고 적시성 있는 재무정보가 도출되어야 한다. 투자자가 투자금이 이윤을 얼마만큼 창출했는지에 대한 정확하고 신속한 결과표가 도출되지 않는다면 투자자들로서는 정확한 자료의 부재로 인하여 투자 의사결정에 어려움을 겪을 수밖에 없고, 결국 투자가 활발히 진행될 수 없을 것이다. 또한, 투자 의사결정 단계부터 실행, 사업운영, 투자이익 회수, 사업의 청산 및 매각에 이르기까지 투자 사이클이 선순환될 수 있어야 투자자들이 두려움 없이 투자를 실행할 수 있을 것이다. 이러한 투자 사이클에서의 의사결정을 도와주는 핵심정보가 바로 신뢰성 있고 적시성 있는 재무정보다. 적시성 있는 재무정보를 산출하려면 각종 경제현상을 화폐적으로 측정하고 보고하는 회계가 가장 기본적이고 중요한 인프라라고 할 수 있다. 투자 의사결정에 필요한 재무정보를 도출하려면 남한의 조력도 큰 몫을 하겠지만 가장 중요한 것은 북한에 제대로 된 회계 인프라를 구축하는 것이다. 회계 인프라 구축은 북한이 남한은 물론 국제사회와의 커뮤니케이션을 보다 원활하게 할 수 있는 매개체라는 점을 인식하고 북한에 대한 회계와 관련 제도 등을 먼저 이해하고 회계 관련 협력방안을 함께 모색해 보는 것을 남북회계협력의 출발점으로 삼아야 할 것이다. 이 작업이야말로 최근 북한이 추구하는 '자력갱생'을 위한 시발점이 되는 것이다.

무엇보다도 남북 해빙 모드가 진행되는 이 시기에 기반구축을 위한 과제들이 최대한 신속하게 수행되어야 한다. 한 번 시작하기가 어렵지 일단 한 번 시작하면 예상했던 것보다 기반이 빨리 조성될 수 있다. 북한의 경제구조에서 장마당이 차지하는 비중이 급격하게 증가한 것만 보더라도 기반구축은 시간문제라고 할 수 있다. 경제발전을 위한 기반구축을 위한 기초이자 남북한의 새로운 경제협력을 위한 근본적 시발점으로 남북 간 회계협력에 주목해야 할 때다.

북한회계제도는 어디쯤 왔나

북한회계제도를 이해하고 단계별 발전과정을 추정해 보려면 사회주의 국가에서 자본주의 체제로 전환한 국가의 사례를 비교하여 살펴보는 것이 합리적이다. 체제전환국가로서 대표적인 중국과 베트남의 사례를 통하여 그들의 단계별 회계제도 발전 추이를 분석해 본다면 북한의 미래 모습을 회계를 통하여 예상해 볼 수 있는 현실적인 실마리를 찾을 수 있을 것이다.

〈그림 1〉에서처럼, 사회주의 계획경제국가로서 중국은 1949년에, 베트남은 1976년에 구소련식 사회주의 회계제도를 도입했고, 구소련의 회계 계정과목을 바탕으로 국가 차원에서 제정한 통일된

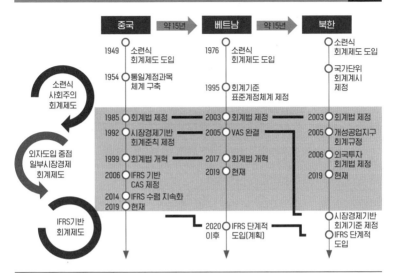

그림 1 중국과 베트남의 회계제도 단계별 발전과 북한의 현황 비교

중국 ─ 약 15년 → **베트남** ─ 약 15년 → **북한**

소련식 사회주의 회계제도

외자도입 중점 일부시장경제 회계제도

IFRS기반 회계제도

중국
- 1949 소련식 회계제도 도입
- 1954 통일계정과목 체계 구축
- 1985 회계법 제정
- 1992 시장경제기반 회계준칙 제정
- 1999 회계법 개혁
- 2006 IFRS 기반 CAS 제정
- 2014 IFRS 수렴 지속화
- 2019 현재

베트남
- 1976 소련식 회계제도 도입
- 1995 회계기준 표준계정체계 제정
- 2003 회계법 제정
- 2005 VAS 완결
- 2017 회계법 개혁
- 2019 현재
- 2020 이후 IFRS 단계적 도입(계획)

북한
- 소련식 회계제도 도입
- 국가단위 회계계시 제정
- 2003 회계법 제정
- 2005 개성공업지구 회계규정
- 2006 외국투자 회계법 제정
- 2019 현재
- 시장경제기반 회계기준 제정
- IFRS 단계적 도입

＊IFRS(International Financial Reporting Standards, 국제회계기준), CAS(China Accounting Standards, 중국 회계기준), VAS(Vietnam Accounting Standards, 베트남회계기준)
＊북한의 시장경제기반 회계기준 제정과 IFRS 단계적 도입은 바람직한 모습(To Be Circumstances)의 구현을 전제한 것으로서 가설적인 사항임.

회계 계정과목을 사용하여 중앙정부에서 경제를 통제하고 관리하는 방식의 회계 시스템을 사용해 왔다. 그러다가 중국의 개혁개방 정책과 베트남의 도이모이 정책 등으로 개방화를 추진하면서 경제 발전과 외자유치를 위하여 시장경제 회계제도를 점진적으로 도입하게 된다. 이후 경제발전 수준이 향상되고, 글로벌 경제환경이 본격화되면서 단계적으로 국제회계기준을 도입하는 정책을 수립하고 시행하게 되었다.

중국과 베트남에서 추진해 온 회계제도의 발전 전개과정을 살펴볼 때, 베트남이 중국에 비하여 회계제도의 도입이 15년 정도 늦은 것으로 보인다. 그러나 북한은 아직 개혁개방을 논할 수조차 없는 환경뿐 아니라 경제적 수준도 그 수준에 머물러 있으며, 시장경제 기반 또한 회계기준에 크게 미흡한 수준이라 베트남보다도 15년 이상 격차가 나는 것으로 보인다. 북한은 2003년에 「회계법」을 제정하고, 2005년에는 「개성공업지구회계규정」을 제정했으며, 2006년에는 외국인 투자유치를 위한 「외국투자 관련 회계법」을, 2015년에는 「외국투자기업 회계검증법」을 제정하는 등 다양한 노력을 시도하고는 있지만, 현재 북한회계의 수준은 2000년 초반 베트남의 상황보다 더 낙후되어 있는 것으로 보는 것이 일반적이다.

북한의 회계 수준이 글로벌 수준까지 도달하기에는 갈 길이 매우 멀다고 할 수밖에 없다. 그러나 중국 및 베트남과 달리 북한의 경우 국제회계기준을 도입한 남한의 회계전문가와의 회계협력을 바탕으로 시장경제제도의 도입과 관련된 시행착오를 줄인다면 이러한 시간 차이를 보다 조기에 극복할 수 있을 것으로 기대된다. 회계 분야에서도 일종의 '단번 도약'이 필요한 것이다.

북한회계의 국제화 시도

앞서 언급한 바와 같이 현재 북한회계의 수준과 실체는 매우 낙후되어 있는 것으로 추정되지만, 여러 경로를 통하여 확인해 본 바에 따르면 북한에서도 글로벌 회계기준에 대한 관심이 증가하고 있고 관련 학습과 교류 등을 통하여 역량을 높이는 시도가 나타나고 있다.

예를 들어, 전국 단위로 볼 때 2003년 제정된 북한의 「회계법」에서는 "국가는 회계 분야에서 국제기구, 다른 나라들과의 교류와 협조를 발전시킨다."라고 규정하고 있고, 2008년에 제정된 「회계검증법」에서는 "국가는 회계검증 분야에서 다른 나라, 국제기구들과의 교류와 협조를 발전시킨다."라고 규정되어 있는 것으로 보아, 내부적인 법적 기준은 마련해 놓았음을 알 수 있다. 또한 외국인투자기업 및 경제개발구 단위의 회계법과 회계검증법에서도 국제기구와의 교류와 협조를 명시하고 있다.

또한, 북한 학계를 살펴보면, 김일성종합대학의 강철수 교수는 '우리나라 외국투자기업 회계 관련 법규의 규제범위와 국제회계기준의 이용가능성'(《경제연구》 2013년 제3호(루계 160호))에서 "법률적으로 회계와 관련된 모든 문제에 대하여 규제하지 못하는 상황에서 대외분쟁이 발생하는 경우 국제회계기준을 선택하는 것이 제3국의 기준을 선택하는 것보다 나을 수 있다."라는 견해를 제시하고 있다. 또한, 2014년 발표한 자료(《경제연구》 2014년 제4호(루계 165호))에서는 2010년 10월 기준의 국제회계기준을 소개하면서 "국제증권시장에 등장하는 회사들의 회계결산서는 각국의 회계기준뿐만 아니라 동시에 국제회계기준에 의하여 작성하는 것이 세계적 추세"라고 강조하면서 국제회계기준 변화에 대한 실무지식을 보유하고, 그 적용문제에 대하여 원칙적인 입장과 태도를 확립하는 것이 중요하다고 주장하고 있다.

이밖에 북한과 해외 국가 간의 지식교류 관련 프로그램에 대하여 알아보면 다음의 몇 가지 사례를 볼 수 있다. 중앙일보 등 주요 언론기사에 의하면 2010년에 캐나다의 브리티시컬럼비아대학교[UBC]는 캐나다와 북한 간 지식 파트너십 프로그램을 시작했고, 2011년부터 약 8년간 북한의 40여 명의 대학교수가 경제, 경영 등 시장경제 관련 과목을 배웠다. 이들은 김일성종합대학, 김책공업대학, 평양외국어대학, 인민경제대학, 원산경제대학, 평양상업대학 등에서 경영, 경제 등의 과목을 지도하고 있는 교수들이다. 참여했던 교수들은 프로그램의 내용과 성과에 대하여 매우 만족하고 있으며, 특히 사례를 기반으로 한 연구와 학습방법이 매우 유용했고, 북한에 돌아가서도 체험에 기반한 연구와 교육 활동을 지속하겠다고 하였다.

또한 2007년 싱가포르에서 제프리 시(Geofferey See)가 설립한 민간 대북 관련 NGO인 조선익스체인지(Chosun Exchange)는 북한 현지 또는 싱가포르에서 기업가 교육 및 스타트업 창업과 관련된 교육연수 프로그램을 진행하고 있다. 현재까지 1,300여 명의 북한 학생 및 기업가를 대상으로 43회 이상의 연수 프로그램을 진행했는데, 이들은 2016년 9월에는 북한의 회계 관련 정부인사, 학자 등을 대상으로 하여 싱가포르 및 베트남에서 회계 전문 세미나를 개최하기도 했다. 이 세미나에는 북한의 회계 관련 정부기관 및 학계 관계자 등이 참석한 것으로 파악되며, 이 과정은 회계이론, 베트남과 싱가포르의 회계제도, 현지 기업체 방문, 질의응답의 4개 프로그램으로 진행되었다. 특이할 만한 것은 교육 참여 전에 사전 질문서를 통하여 관심사항을 파악하고 이를 토대로 프로그램을 구성했다는 것이다. 사전 질문서를 통하여 나타난 주요 관심사항은 베트남의 회계규정 변천과정과 국제기준을 도입한 경과, 회계법인의 감사업무와 정부 감사의 차이, 감사인의 의무와 감사보수 산정방식 등에 대한 질의가 많았던 것으로 알려진다. 추가적으로 국가 간 또는 국제기구 간의 국제협력 실태에 대하여 관심을 보이고 있어 북한이 향후 어떤 식으로든 국제기구의 가입에 관심을 갖고 있다고 추측할 수 있었다.

이렇듯 북한이 캐나다, 베트남, 싱가포르 등에서 경영학 연수 프로그램, 회계 전문 세미나에 참여하는 등 나름의 국제적 교류와 프로그램을 통하여 회계 관련 국제적 지식을 쌓아가고 있는 점은 향후 북한회계의 방향성을 짐작해 볼 수 있는 시사점이 될 수 있다. 그럼에도 불구하고 북한과의 회계협력의 길이 수월하게 진행될 것으로 기대하기란 쉽지 않다. 그렇지만 남한은 국제회계기준을 성공적으로 도입한 경험이 있으므로, 남한의 회계 전문가들이 북한과 함께 협력할 수 있는 길을 꾸준히 모색해 간다면 북한의 개혁개방과 발전을 위한 초석을 놓을 수 있을 것이다.

남북회계협력 로드맵 수립을 위한 주요 고려사항과 전략적 포커스

앞에서 국제사회에서 북한의 변화 움직임을 읽어 보려 했고, 중국과 베트남 등 체제전환국가의 사례를 살펴보았다. 또한 북한회계의 현실과 그에 대응하는 북한 나름의 노력도 사례를 통해서 알아보았다. 이제는 이러한 것들을 종합해서 남북 간 회계협력을 이야기해

남북회계 전략적 포커스 및 로드맵 수립을 위한 주요 고려사항	그림 2

남북회계 협력 수행 주체별 고려사항
* 남북회계 협력과 관련된 정부, 학계, 민간 기구, 회계법인 등 각 주체별 역할 구분
* 남북회계 협력 주체별 북측 카운터파트 파악
* 대북투자와 관련한 한국 공인회계사의 역할

북한회계의 종합적 개혁을 위한 협력 방안
* 회계와 관련된 제도, 교육, 통제 등 종합적 차원의 남북회계협력 방안 모색
* 기존의 해외 NGO활동을 통해 파악된 북한의 need를 우선 고려한 협력모델 구축
* 해외 선진 사례 도입을 위한 북한 내부 제도적 기반 고려

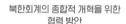

남북관계를 포함한 국제정세
* 대북제재체제 지속기간 동안과 대북제재 해제 이후의 남북회계협력 방안 고려
* 개성남북공동연락사무소의 활용방안 고려

중국·베트남 회계제도 변화 단계
* 중국 및 베트남의 과거 변화 단계를 통한 북한의 회계제도 변화 방향성과 속도 고려
* 선진회계제도 정착 이전 단계에서 각 프로젝트 단위의 현실적인 회계투명성 확보 방안

4부 미래를 위한 준비

보려 한다.

먼저 남북회계협력을 위한 로드맵 수립을 위하여 고려해야 하는 네 가지 주요 사항을 살펴보아야 한다.

첫째, 남북회계협력 수행 주체별 고려사항으로, 주체별 역할을 구분하고 주체별로 남북한이 상대를 먼저 파악해야 한다. 남북 간에 '회계'와 관련된 이해관계 주체는 정부, 회계학계, 회계업계 등으로 구분할 수 있으며, 향후 남북 간 협의를 위한 각자의 역할을 명확히 구분할 수 있어야 한다. 또한 북한의 카운터파트를 찾기가 상당히 어려운데, 이 점에 대해서는 당국 간 협의기구를 통해서라도 남북 간 회계협력의 필요성을 북한이 공감할 수 있도록 하고, 이를 제대로 이행할 수 있는 상대방을 확보하는 것이 매우 중요하다.

둘째, 남북관계를 포함한 국제정세도 중요한 고려사항으로, 대북 제재 지속기간과 해제 이후로 구분하여 남북회계협력 방안을 찾아야 한다. 현재 남북 간 민간 경제협력을 위한 접촉경로가 차단된 상황을 감안하여 정부는 가능한 범위 내에서 조속히 민간 경제협력 협의 창구를 만들어 주고 제재기간에라도 추진할 수 있는 수준의 인적, 학술 교류 등의 추진방안을 협의할 수 있어야 할 것이다.

셋째, 북한회계의 종합적 개혁을 위한 협력방안으로, 회계와 관련된 제도, 교육, 통제 등 종합적 차원의 남북회계협력 방안을 모색해 보아야 한다. 싱가포르에서 활동하고 있는 조선익스체인지나 캐나다-북한 간 지식교류 프로그램[KPP] 등이 좋은 모델이 될 수 있다.

이들을 통하여 파악된 북한이 원하는 사항을 우선 고려하여 남북한 간 회계협력 프로그램을 구성해 보는 것도 시행착오를 줄일 수 있는 좋은 방법이다.

넷째, 앞서 살펴본 바와 같이 중국과 베트남, 즉 체제전환국가의 회계제도 변화 단계를 연구하여 북한회계제도의 변화 방향성과 속도 등을 고려하여 로드맵을 그려야 한다. 중국과 베트남의 과거 변화 단계를 면밀히 살펴보면 북한의 회계제도의 변화 방향성과 속도를 어느 정도는 읽어낼 수 있을 것이다. 또한 선진 회계제도가 정착되기 이전 단계에서 어떻게 하면 회계투명성을 현실적으로 확보할 수 있을지에 대한 고민도 함께해 나가야 한다.

다음 단계로 남북이 실제로 회계 분야에서 협력할 수 있는 전략

남북회계협력 전략적 포커스   그림 3

1	2	3	4	5	6
회계제도	통제 (회계감사)	교육제도	국제교류	경제특구	표준화 (XBRL)
시장경제요소 반영 회계처리기준 제정 필요	재무정보의 신뢰도 확보를 위한 회계감사 제도 운영	회계 및 세무 전문가 양성	국제적 교류를 통한 각종 제도 및 Practice 도입	개성공단 등 경제특구 위주로 우선 개방 및 개혁 후 점차 확대	남북한회계 용어 통일 관련 XBRL 활용

적 분야가 어떤 것인지에 대한 고민을 해볼 때, '회계제도', '통제(회계감사)', '교육제도', '국제교류', '경제특구', '표준화'와 같은 6가지 키워드를 전략적 핵심 포커스로 정하고 이를 바탕으로 하여 각 행위 주체별 과제와 단계별 이행 목표를 포함한 로드맵을 구축하는 것이 효율적인 방법이 될 수 있을 것으로 기대한다.

남북회계협력의 단계별 로드맵

남북회계협력은 어느 순간 갑작스럽게 이루어지는 것이 아니라 점진적으로 이루어져야 한다. 이와 관련하여 〈그림 4〉와 같이 기반구축 단계, 일부개방 단계인 경협확대를 거쳐 완전히 개방하는 단계인 국제화로 나누어 3단계 로드맵을 제시해 보았다. 물론 이 단계라는 것은 경우에 따라서는 서로 중첩되기도 하고, 전개순서가 뒤바뀌기도 하지만 큰 그림으로는 북한의 개방과 경제발전이라는 우상향의 그래프를 추구한다는 점만은 분명하다.

현재 북한에 대한 국제제재가 유지되고 있는 상황에서 북한에 대한 투자와 경제협력은 사실 아직 요원해 보인다. 그렇다고 해서 한없이 이러한 국제관계가 개선되기만을 기다릴 수만은 없다. 나름의 지혜와 상상력으로 북한의 변화추이와 국제관계 개선의 시나리오를 마련해 보고, 각 단계별 액션 플랜을 수립하여 실행 가능성을 타

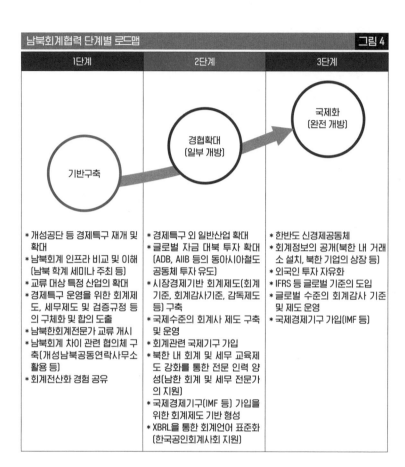

남북회계협력 단계별 로드맵　　　　　　　　　　　　　　　**그림 4**

1단계	2단계	3단계
기반구축	경협확대 (일부 개방)	국제화 (완전 개방)
* 개성공단 등 경제특구 재개 및 확대 * 남북회계 인프라 비교 및 이해(남북 학계 세미나 주최 등) * 교류 대상 특정 산업의 확대 * 경제특구 운영을 위한 회계제도, 세무제도 및 검증규정 등의 구체화 및 합의 도출 * 남북한회계전문가 교류 개시 * 남북회계 차이 관련 협의체 구축(개성남북공동연락사무소 활용 등) * 회계전산화 경험 공유	* 경제특구 외 일반산업 확대 * 글로벌 자금 대북 투자 확대(ADB, AIIB 등의 동아시아철도 공동체 투자 유도) * 시장경제기반 회계제도(회계기준, 회계감사기준, 감독제도 등) 구축 * 국제수준의 회계사 제도 구축 및 운영 * 회계관련 국제기구 가입 * 북한 내 회계 및 세무 교육제도 강화를 통한 전문 인력 양성(남한 회계 및 세무 전문가의 지원) * 국제경제기구(IMF 등) 가입을 위한 회계제도 기반 형성 * XBRL을 통한 회계언어 표준화(한국공인회계사회 지원)	* 한반도 신경제공동체 * 회계정보의 공개(북한 내 거래소 설치, 북한 기업의 상장 등) * 외국인 투자 자유화 * IFRS 등 글로벌 기준의 도입 * 글로벌 수준의 회계감사 기준 및 제도 운영 * 국제경제기구 가입(IMF 등)

진해 보는 창의적 노력이 필요하다.

2018년 남북한 철도 공동조사가 진행되었고, 군사, 산림, 인도적 지원 등 직접적인 자금투자가 수반되지 않는 분야에서는 남북 간의 교류와 협력이 조금씩 꾸준히 진행되고 있다. 이러한 상황이 좀 더

장기적으로 지속된다면 우선은 개성공단이나 금강산 관광 등 과거 진행되었던 사업의 재개와 점진적인 확대를 예상해 볼 수 있다. 물론 재개에서 확대까지의 기간도 상당기간 필요할 수도 있지만 상황에 따라서는 이전과 다른 속도로 빠르게 진행될 수도 있다.

먼저 지금과 같은 시기는 1단계로서 남북 간의 사업재개를 위한 기반조성과 준비기간으로 활용하면서 회계 분야에서도 그에 대한 대응방안을 몇 가지 생각해 볼 수 있다. 남북 간 산업 인프라에 대한 투자사업의 기반을 점검해 보고 투자재원을 마련하고 회수방안에 대한 연구도 할 수 있다. 물론 현재의 북한에 대한 정보는 매우 제한적이고 정확성도 떨어진다. 하지만 사업계획의 틀을 갖춰 놓고 향후 북한에 대한 정보를 선점하게 된다면 완성도 높은 사업계획 작성이 보다 용이해질 수 있을 것이다. 그리고 남북 간 회계 인프라를 비교해 보고 서로간의 이해와 공감대를 넓히는 시간으로 활용해야 한다. 개성의 남북 공동연락사무소 등을 활용하거나 남북교류협력지원협회 등의 정부기구와 연계해서 남북 간 회계 분야 학술 세미나 등을 시도해 보는 것도 좋을 것이다. 그렇게 되면 남북 간 회계 분야의 전문가 교류는 자연스럽게 이루어질 것이고, 회계 정보와 지식에 대한 공유, 북한의 우수한 IT 능력을 활용한 전산 회계 시스템 등에 대한 경험 공유와 논의로도 확대될 수 있을 것이다.

2단계로는 남북 간의 경제교류와 협력이 다소 늘어나고, 북한의 개혁과 개방이 좀 더 진전된 시기를 예상해 볼 수 있다. 이전 단계의 회계 분야 교류와 협력을 기반으로 남북 간에는 회계 분야에 대한 표준화가 상당 수준 진전되었을 것이며, 그에 따라 북한회계의 수준도 향상되었을 것이다. 이 단계에 이르면 북한에는 국제수준의 남북한 회계사가 활동하고 있을 것이며, 이들의 활동을 배경으로 일부 경협 분야에는 제한적이지만 국제민간자본의 참여가 시작되고 있을 것으로 전망한다. 북한은 시장경제를 기반으로 하는 국제수준의 회계제도 등을 구축하여 다양한 투자자의 참여를 요청할 것이며, 국제금융기구 가입을 위한 준비를 본격화할 것으로 예상되며, 이를 위한 남북회계협력의 범위는 더욱 확대될 수밖에 없을 것이다.

마지막으로 3단계는 북한에 시장경제제도가 확산되고 완전한 개방이 이루어지는 단계다. 우리 정부가 추진하고자 했던 한반도 신경제공동체가 그 경제적 실체를 이루고 있고, 북한은 IMF 등 국제금융기구에 정식으로 가입하게 되면서 글로벌 금융기구와 외국인의 투자가 자유롭게 이루어지는 환경을 조성하게 될 것이다. 당연히 국제회계기준 등 글로벌 기준을 도입하여 운영하며 투명하고 정확한 회계정보의 공개는 물론 북한 내 거래소가 신설되고, 북한기업이 국내외 거래소에 상장되기도 하는 청사진을 그려본다.

남북회계협력을 위한 각계의 역할

단계적 로드맵을 구체화하기 위하여 〈그림 5〉에 주체별 추진과제를 제시해 보았다. 특히 북한회계에 대한 기반구축 단계에서 정부, 회계학회, 회계업계가 단계적으로 다양한 역할을 수행해야 할 것이다.

정부는 남북교류에 있어 큰 그림에서의 제도구축 등 안정적이고 지속적인 사업환경을 마련해 주어야 한다. 현재는 주로 정치적 분야의 회담이 진행되고 있지만, 장기적으로는 경제문제 협의를 위하여 과거의 남북경협협의사무소와 같은 협의의 장을 마련해 주어야 할 것이다. 이를 통한 남북한 간 회계인력 교류를 시작으로, 개성공단이 재개될 경우 2016년 이전의 경험을 토대로 좀 더 확대된 지원이 필요할 것으로 보인다. 또한, 남북경협이 확대되는 시기에는 남한의 회계사들이 북한에서 활동할 수 있도록 하는 것도 유의미한 조치가 될 수 있을 것이다.

한국의 회계학회는 북한의 회계학회와의 지속적인 교류를 통하여 서로의 회계언어를 이해하고 이를 일원화시키려는 노력을 경주해야 할 것이다. 또한 회계 전문가를 양성할 목적으로, 남한의 교육 인프라 시스템을 북한에 도입하는 것도 장기적으로 보면 남북한의 단일한 회계언어로 통일하는 데 큰 역할을 할 것이다. 작은 부분에서부터라도 남북 간 공동의 연구와 학술 교류 등의 협력활동을 추

남북회계협력 주체별 추진과제 예시		
주체별 추진과제 [예시]	1단계	
	기반구축	
정부 관계 부처	남북 교류 확대	공동연락사무소 회계 Agenda 추가
	경제특구 활성화	개성공단 재개 준비 → 개성공단 재개
	법규 및 제도 관련	대북재정투자 회계 투명성 확보 제도 개선
회계 학계	남북 학술 교류	북한회계제도 연구 → 남북 공동 회계학술 세미나
	회계 전문가 양성	북한 전문인력 양성 위한 커리큘럼 개발
	제도 개선 지원	
회계 업계	회계법인	개성공단 회계검증원 자격 유지
	한국공인회계사회	남북 회계전문가 교류회 제안 → 남북 회계전 정기 교류회

그림 5

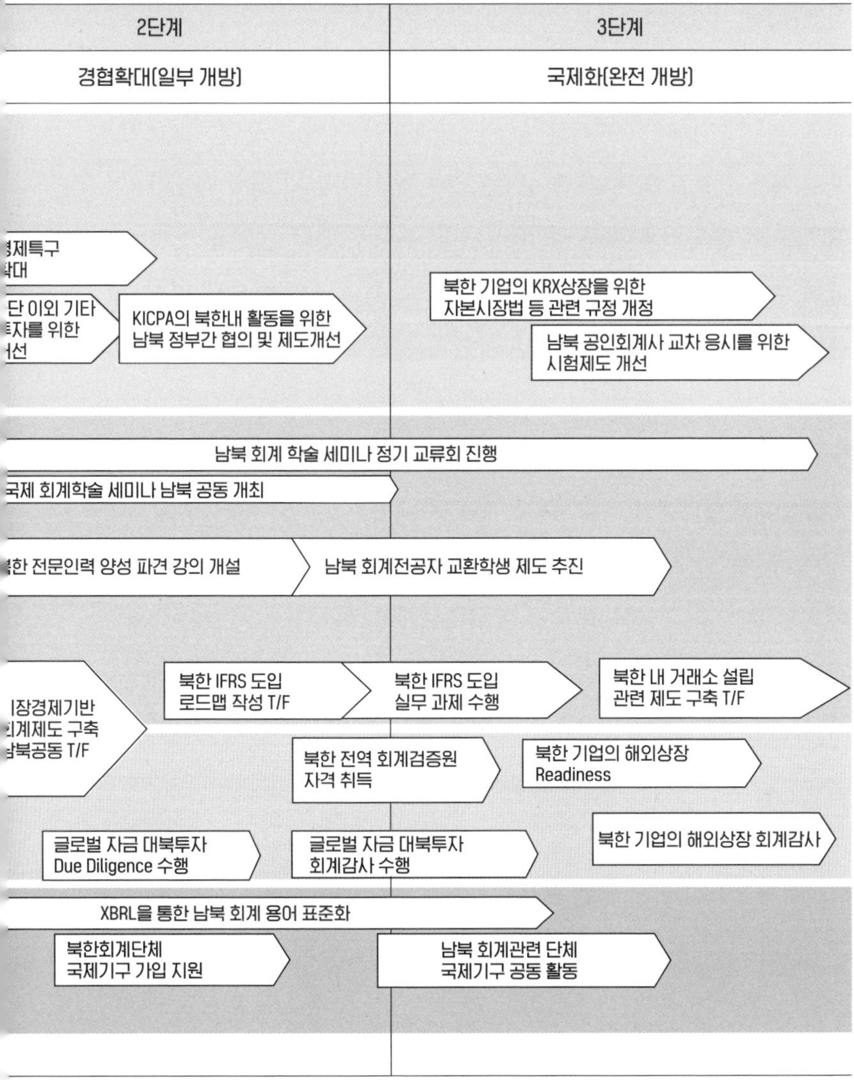

2단계	3단계
경협확대(일부 개방)	국제화(완전 개방)

경제특구
대
단 이외 기타
자를 위한
선

KICPA의 북한내 활동을 위한
남북 정부간 협의 및 제도개선

북한 기업의 KRX상장을 위한
자본시장법 등 관련 규정 개정

남북 공인회계사 교차 응시를 위한
시험제도 개선

남북 회계 학술 세미나 정기 교류회 진행

국제 회계학술 세미나 남북 공동 개최

한 전문인력 양성 파견 강의 개설

남북 회계전공자 교환학생 제도 추진

장경제기반
계제도 구축
북공동 T/F

북한 IFRS 도입
로드맵 작성 T/F

북한 IFRS 도입
실무 과제 수행

북한 내 거래소 설립
관련 제도 구축 T/F

북한 전역 회계검증원
자격 취득

북한 기업의 해외상장
Readiness

글로벌 자금 대북투자
Due Diligence 수행

글로벌 자금 대북투자
회계감사 수행

북한 기업의 해외상장 회계감사

XBRL을 통한 남북 회계 용어 표준화

북한회계단체
국제기구 가입 지원

남북 회계관련 단체
국제기구 공동 활동

진할 수 있도록 다양한 아이디어와 교육 프로그램 등의 개발에 대한 노력이 필요하다.

　회계법인은 정부가 마련해 놓은 제도 안에서 회계학회와 함께 단일한 회계언어로 통일하는 작업에 참여해야 하며, 이를 토대로 이루어지는 통일된 회계언어를 기반으로 하여 남한 및 해외 투자유치에 필요한 실사업무 수행 등 다양한 업무를 수행할 수 있을 것이다. 특히, 이러한 노력은 대북제재하에서도 가능한 작업이므로 인적교류를 활성화할 수 있도록 정부 차원의 지원이 필요하다. 남북한회계 전문가의 학술교류, IMF 등 국제기구 가입 지원, 남북 간의 회계분야 용어 등을 표준화하는 등의 작업도 시도해 볼 수 있다.

　남북회계협력은 단시일 내에 특정 주체만으로 이루어질 수 없음을 모두 잘 알고 있다. 남한과 북한은 상호 간의 회계제도에 대한 이해를 높이고 중국과 베트남의 회계제도 변화과정을 참고하여 점진적으로 제도를 개선하고, 상호 협력을 통하여 북한의 회계 전문가 양성을 위하여 노력해야 한다.

북한회계 인프라의 새 길을 열자

다른 모든 남북경협 비즈니스와 마찬가지로 남북회계협력도 단기간에 이루어질 것이라고 기대하기란 어렵다. 매우 어려운 단계와 과정이 반복되는 지난한 일이 될 수도 있다. 하지만 그 필요성과 가치는 충분하다고 생각한다. 남한과 북한이 서로의 법과 제도를 이해하고 보완하면서 회계 분야의 협력의 폭을 넓혀 갈 수 있는 남북 간의 회계협력 방안을 반드시 만들어야 할 것이다. 남한과 북한은 상호 간의 회계제도에 대한 이해를 높이고 다른 국가의 회계제도 변화과정을 참고로 하여 제도를 지속적으로 개선하며 북한의 회계 능력을 국제수준에 이르도록 해야 한다. 2018년 남북 협력사업 중 하나인 철도 연결 공동조사에 대하여 유엔안보리 산하 대북제재위원회가 면제를 승인해 주었다. 남북한의 물리적 혈맥이 뚫릴 수도 있는 매우 중요한 사건이다. 남북한의 철도 연결이 남북한 협력을 위한 실체적 요소라면, 남북회계협력이야말로 물리적 요소를 뛰어넘는 중요한 요소다. 이러한 과정 속에서 동일한 언어를 구사하고 있는 남한이 세계 그 어느 나라보다 가장 든든한 조력자가 될 수 있을 것임에는 의심의 여지가 없다. 북한의 경제적 개방에 있어 회계라는 제도는 그 어느 요소보다도 기초가 된다. 남북회계협력에 대한 중요성을 인식하고 관심을 가져야 할 것이다.

• **이태호 남북투자지원센터장**은 연세대학교 경영학과 졸업, 서울대학교 경영학 석사를 취득하였다. 1987년 삼일회계법인에 입사, 1993년 PwC 도쿄 Office 파견근무를 비롯해 1995년부터 인프라시설에 대한 민간투자분야, 부동산분야 자문업무 등에서 활약하고 있다. 현재는 삼일회계법인 내 언론·총무 담당 리더이며 남북투자지원센터장 및 부동산·SOC·공공 인더스트리 리더이다. 현재 대한축구협회감사, 국민연금대체투자위원회 위원, 해양수산부장관 정책자문위회 남북협력분과위원을 수행하고 있기도 하다.

북한회계의 발전을 돕는 플랫폼 역할을 기대하며

남북한이 함께 잘사는 세상이 오기를 바라는 마음은 세대와 계층에 관계없이 한결 같습니다. 그동안 그러한 세상이 올 수 있도록 정치권을 비롯해 각계각층에서 부단하게 준비하고 노력해 왔습니다. 그러나 오랜 기간 다른 체제를 유지해 온 남북한이 서로 협력하고 궁극적으로 하나가 되는 일은 지극히 어려운 일입니다. 특히 경제활동 분야에서는 더욱 그렇습니다. 경제는 생명체와 같이 수많은 요소들이 유기적인 관계 속에서 살아서 움직이고 있기 때문입니다.

회계는 이러한 유기적인 경제활동을 지배하고 통제하는 하나의 양식입니다. 그러므로 북한이 현재의 폐쇄적 계획경제에서 개방적 시장경제로 전환해 나가고자 한다면 이에 상응하게 회계제도를 바꾸어 나가야 합니다. 또한 회계는 경제활동의 소통수단으로써 세계가 하나의 회계 언어로 통일되어 가고 있습니다. 따라서 북한이 세계경제의 멤버가 되어서 외부로부터 경제적 지원을 받고자 한다면 경제적 실질을 투명하고 효율적으로 반영하도록 회계제도를 구축하고 운영할 수 있어야 합니다. 이를 위해서 북한은 글로벌 기준의 회계제도를 도입하고, 회계전문가와 실무자를 양성하여 회계제도를 효과적이고 효율적으로 운영할 수 있어야 합니다.

그동안 회계전문가와 회계학자들은 북한회계를 이해하고 북한의 개방에 합당하게 회계가 발전되도록 돕기 위한 노력을 해왔습니다. 그러나 북한회계는 북한의 제도와 지배구조에 합당하게 진화·발전된 것이므로 북한회계의 선진화를 돕는 것은 그렇게 단순한 일이 아닙니다. 회계는 경제활동을 통제하는 다양한 형태의 지배양식 중 하나이므로 북한의 회계 선진화를 도우려면 북한의 지배구조, 실물경제, 금융 등의 이해가 전제되어야 합니다. 이런 점에서 북한회계의 발전을 위한 협력은 북한의 복합적 경제 생태계의 충분한 이해를 바탕으로 이루어지지 않으면 안 됩니다.

2018년 초에 한국공인회계사회 최중경 회장은 중장기적인 관점에서 북한회계의 발전을 지원하는 남북회계협력위원회의 구성을 제안했습니다. 최중경 회장은 개별적이고 독립적으로 이루어지던 북한회계에 대한 연구활동을 남북회계협력위원회가 통합하고 보다 입체적이며 다각적으로 미래를 준비하는 역할을 해줄 것을 요청했습니다. 이를 위해서 위원회는 그동안 북한회계를 연구하는 학자나 실무전문가 이외에도 오랫동안 북한경제를 주도적으로 연구해 온 학자와 연구자, 그리고 개성공단 등에서 북한 실무를 경험한 실무전문가를 포함하여 구성되었습니다. 다양성 측면에서 위원회는 북한회계와 관련된 일종의 작은 지식생태계라고 할 수 있습니다. 특히 위원회의 1차적 활동 결과로 2018년 10월 31일 제1회 회계의 날에 남북회계협력 특별 세미나를 개최하였습니다.

이 책은 특별 세미나 내용을 더욱 발전시킨 남북회계협력위원회의 첫 발간물입니다. 그동안 서로 다른 분야에서 활동해 온 위원들이 북한회계의 발전이라는 공동의 주제를 놓고 각자가 갖고 있던 생각과 믿음을 서로 나누는 과정에서 얻은 결과들을 체계적으로 정리한 것입니다. 이 책의 발간은 몇 가지 의미를 갖습니다. 먼저 이 책은 북한회계의 발전을 돕고자 하는 학자와 전문가들의 공동의 관심사와 이해를 정리함으로써 향후 심층적이고 더 많은 연구를 체계적으로 하기 위한 시발점이 될 것입니다. 또한 이 책은 남북협력을 준비하는 많은 전문가들에게 회계의 역할과 중요성을 이해하도록 함으로써 이들의 참여와 협력을 얻어내기 위한 플랫폼 역할을 할 것입니다. 마지막으로 회계를 중심으로 한 남북협력 준비를 세상에 알림으로써 다른 분야와 협력할 수 있는 기반이 될 것입니다.

이 책의 발간을 계기로 앞으로 남북회계협력위원회는 월례 발표회와 심포지엄에 더 많은 학자와 전문가들이 참여하도록 하여, 북한이 조속히 효과적이고 효율적으로 회계를 선진화시킬 수 있는 방안에 대하여 지속적으로 연구하고 이를 세상에 알릴 계획입니다.

이 책은 많은 분들의 노고와 도움으로 발간되었습니다. 더 나은 한민족의 미래를 만들어주겠다는 마음으로 자발적으로 또 헌신적으로 연구를 해주신 남북회계협력위원회 소속 집필진 여러분에게 감사드립니다. 그리고 탁월한 리더십을 발휘하여 위원회를 발족하도록 해주시고 출판이 가능하도록 정신적, 물질적 후원을 아끼지 않으신 한국공인회계사회 최중경 회장님과 항상 따뜻한 격려의 말씀을 해주시는 윤승한 부회장님, 안영균 부회장님께 감사를 드립니다. 남북회계협력위원회를 조직하고 열정적으로 프로젝트를 이끌어주신 이정헌 본부장과 본래의 업무만으로도 바쁨에도 불구하고 집필진의 원고를 검토하여 수정하고 일관되게 편집을 해준 이승환 선임과 박성원 박사에게도 감사를 드립니다. 마지막으로 편집에 귀한 아이디어를 제시해주신 중앙북스 임직원 여러분에게도 감사를 드립니다.

2019년 5월

서울대학교 명예교수
한국공인회계사회 남북회계협력위원회
곽수근 위원장

부록

남북회계협력위원회
남북한 회계용어 비교
주요 회계법인 남북회계협력 서비스 조직
참고문헌

구분	성함	직급 직책 등
위원장	곽수근	서울대학교 명예교수
총괄간사	이정헌	한국공인회계사회 연구2본부장
집필진	이태호	삼일회계법인 파트너, 남북투자지원센터장, 공인회계사
	전용욱	삼일회계법인 파트너, 공인회계사
	이재일	안진회계법인 고문, 한반도경제협력지원센터장, 공인회계사
	정준양	한영회계법인 파트너, 남북경제협력지원센터장, 공인회계사
	박정수	삼정회계법인 파트너, 공인회계사
	강희천	대주회계법인 이사, 공인회계사
	윤문수	개성공업지구지원재단 재무운영팀장, 공인회계사
	정기욱	삼일회계법인, 공인회계사
	정석우	고려대학교 경영학과 교수
	김이배	덕성여자대학교 회계학과 교수
	정형록	경희대학교 회계·세무학과 교수
	임을출	경남대학교 극동문제연구소 교수
	이해정	현대경제연구원 통일경제센터장
	이석기	산업연구원 선임연구위원
	정도진	중앙대학교 경영학부 교수
Contents Advisor	윤병수	하나경제연구소 글로벌금융팀 선임연구위원
	정귀수	KB금융지주 경영연구소 팀장
기타 자문	조봉현	IBK경제연구소 부소장
	손승호	한국수출입은행 북한·동북아연구센터 소장

남한	북한	남한	북한
수익	경영수입	유형자산	유형재산
계정과목	계시(계산자리)	이익	이윤
유형자산 재평가	고정재산 재평가	일반적상거래	일반경제거래
감가상각누계액	고정재산마멸액	차지권	임차권
국고보조금	공적보조금	잔액	잔고
매입채무	구입채무	자산	재산
자본	기본투자자금	손익계산서	재정부기결산분석표
영업외수익(비용)	기타업무수입(비용)	재무상태표	재정상태표
대변	대방	재고자산	저장품
자본적 지출	대보수	선급금	전불금
대조계정	대조계시	선급비용	전불비용
현행원가	대치원가	선수금	전수금
계좌	돈자리	선수수익	전수수입
급여	로동보수금	정기적금	정기저금
이익잉여금처분계산서	리윤분개계산서	공정가액	정상가격
무형자산	무형고정재산	이월, 이연	조월
복리후생비	문화후생비	합계잔액시산표	종합계산자리유동고일람표
지급어음	물어줄수형금액	총계정원장	종합계시원장
재고자산	물자재산	주기	주해
미교부주식배당금	미불주식배당금	비용	지출
재공품	미성품	차변	차방
환입	반환	부채	채무
받을 어음	받을 수형금액	결산	총화
적송품	발송상품	지분법	출자비률법
분개	분기	매출액	판매수입
(총)분개장	분기일기장	해외사업환산대(차)	해외영업환산리익(손실)

남한	북한	남한	북한
우발상황	불확정상태	수표	행표
자회사	새끼회사	현금흐름표	현금류동표
결손금처리계산서	손실처리계산서	외환차익(차손)	환자시세편차소득(손실)
당좌차월	시좌돈자리잔고차입금	감사보고서	회계검증보고서
당좌자산	시좌재산	공인회계사	회계검증원
특별이익(손실)	우연리익(손실)	재무제표	회계결산서
수익적 지출	유지보수	잔존가치	회수자재가액

＊출처: 「북한의 회계법제에 관한 연구」, 「회계법」, 「회계검증법」, 「외국투자기업회계법」, 「외국투자기업회계검증법」, 「외국인투자기업파산법」, 「회계지식(계산편)(2017)」, 개성공업지구 법규·사업준칙집(2015), 「북한회계의 이해(2019), 삼일회계법인」

＊북한회계 용어는 북한회계 관련 법률, 외국투자기업 및 외국인을 대상으로 한 회계조항, 개성공업지구법규 등에서 확인할 수 있으며, 외국 또는 남한의 회계용어를 차용.

삼일회계법인: 남북투자지원센터

2008년, 회계법인 중 최초로 '대북투자지원팀'을 만든 삼일회계법인은 남북경협 자문업무뿐 아니라 관련 전문서의 출판 등 다양한 남북경제협력 지원활동을 펼치고 있다. 2015년 대북투자지원팀을 '남북투자지원센터'로 확대, 개편하여 30여 명의 분야별 전문가 조직을 구성했으며, 북한 비즈니스를 위한 전문과정인 '남북경제협력 최고 경영자 과정'을 개설, 2019년 9기 과정이 진행 중이다. 10년 이상 축적된 자료와 자문경험, 업계·학계·연구기관을 망라한 네트워크를 기반으로 북한 투자 및 경제협력을 준비하는 정부와 국내 기업은 물론 글로벌 기업의 든든한 파트너 역할을 수행할 것이다.

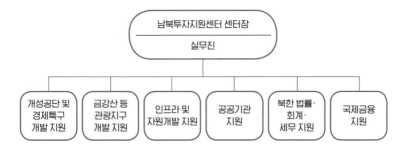

＊중국, 미국, 일본 등 Global Contact Point 운영

남북투자지원센터의 주요 활동

- 개성공단 진출기업 회계검증
- 중국 경유 북한 투자기업 자문
- 나진-하산 프로젝트 재무 자문
- 동북아 국제물류 합영기업 설립 타당성 검토
- 개성공단 입주기업 피해실태 조사
- 한국관광공사 한반도 관광 기본계획 수립 프로젝트
- 캠코 통일국가자산포럼 자문
- 해양수산부 정책자문위원 남북협력분과 자문
- 무역협회 남북투자교역협의회 자문
- 남북경협 포럼 자문

- 남북장애인체육교류위원회 자문
- 통일부 산하 남북교류협력지원협회 감사

북한 비즈니스/회계 전문 서적 발간

- 《삼일회계법인이 제안하는 대북투자 10계명》(2010. 03)
- 《대동강의 기적: 개성에서 나진까지》(2013. 12)
- 《북한회계의 이해》(2019. 01)

문의 및 안내

문의: 02-709-0451 남북투자지원센터(이태호 센터장)

홈페이지: https://www.pwc.com/kr/ko/services/investment-
support.html

안진회계법인: 한반도경제협력지원센터

안진회계법인은 한반도의 새로운 경제협력 시대를 준비하기 위하
여 향후 남북 간의 경제협력뿐 아니라 동북 3성 및 극동 러시아 지
역과의 경제발전을 지원하고자 한반도경제협력지원센터[CoE, Center of
Excellence] 조직을 운영하고 있다. CoE는 회계감사, 리스크 자문, 세무,
재무자문 및 컨설팅 등 전 기능을 포함하고 있으며 중국, 러시아를

포함한 딜로이트 글로벌 오피스^{Deloitte Global Office}와도 밀접한 네트워킹이 구축되어 있다.

안진회계법인은 개성공단의 회계검증사무소 운영 경험 및 통일부에 대한 용역 및 자문 업무를 통하여 북한경제에 대한 이해도가 높으며, 체제전환국가의 경제개발에 대한 경험도 있다. 향후 한반도경제협력과 관련하여 추진될 가능성이 높은 관광, 경제특구개발, 철도, 도로, 전력, 자원개발, 가스관 사업, 건설 및 인프라 등과 관련된 다양한 비즈니스 기회에 아래와 같은 서비스를 제공할 수 있다.

경제협력지원 서비스

- 기업의 북한 진출과 관련된 전략 수립
- 회사설립, 운영, 합작구조 등에 대한 자문 서비스
- 프로젝트에 대한 사업타당성 검토^{feasibility study} 및 실사 서비스^{due diligence}
- 프로젝트 투자구조 및 자금조달방안에 대한 재무 및 세무 자문 서비스
- 민관협력사업^{public private partnership} 및 개발금융에 대한 자문 서비스
- 북한에 진출한 국제기구, 기업 및 비영리법인 등에 대한 감사 인증 제공
- 세무조정 및 세무자문 서비스
- 기업의 북한 진출과 관련된 리스크 자문 서비스 제공

문의 및 안내

문의: 02-6676-1117 한반도경제협력지원센터(이재일 센터장)

한영회계법인: 남북경제협력지원센터

한반도의 비핵화와 항구적 평화정착에 대한 기대가 높아지고 있는 환경변화 속에서 개성공단 재가동과 금강산 관광 재개, 수십 조 원 대에 이를 것으로 추산되는 북한 사회기반시설 건설시장과 북한 지하자원 개발사업 분야에 있어 우리 기업이 함께 참여하는 남북경제협력 사업 추진 기대감이 커지고 있다.

한영회계법인은 중장기적으로 국제사회의 대북제재 완화 이후 실질적으로 남북경제협력 사업을 근접 지원할 수 있도록 남북경제협력지원센터를 설립하였다. 한영회계법인의 남북경제협력지원센터는 북한 경제에 대한 진단과 함께 우리 기업들의 다양한 남북경제협력 사업 참여를 지원할 수 있도록 각 분야별 전문가들로 구성된 대북 투자 전문 서비스팀을 운영하고 있으며, 학계, 연구소, 기업 등에 속해 있는 북한 경제·사회에 대한 외부전문가 그룹과의 정기적 소통을 통해 기업이 필요로 하는 다양한 서비스를 제공하고 있다.

남북경제협력지원센터 주요 서비스

- 사업환경 분석 및 사업타당성 조사
- 투자대상 사업에 대한 실사 서비스^{FDD,TDD,CDD}
- 국내외 공적개발원조^{ODA} 등 개발금융과 남북협력기금 등 자금 조달 자문
- 산업과 지역(경제특구 등) 특성을 고려한 북한 투자 진출전략 자문
- 철도, 도로, 전력, 공항, 상하수도 등 사회기반시설 및 자원개발 건설 및 투자 자문
- 북한회계, 세무 등 투자관련 제도 검토

문의 및 안내

문의: 02-3787-6404 남북경제협력지원센터(정준양 센터장)

삼정회계법인: 대북비즈니스지원센터

삼정회계법인은 남북경제협력부터 통일에 이르기까지 남북한 공동 번영의 미래를 열고 우리 기업의 북한 경제협력 및 대북사업을 지원하기 위해 지난 2014년 6월 '대북비즈니스지원센터'를 설립했다. 대북비즈니스지원센터는 회계감사, 세무자문, 재무자문, 컨설팅 등 부문별 30여 명의 전문가로 구성되어 있으며, 우리 기업들의 북한

진출전략 수립, 나아가 북한 투자타당성 조사나 해외기업과의 합작 등을 도와 한반도 경영 시대를 함께 준비할 것이다. 또한 북한 진출과 대북 비즈니스를 위한 해법을 고민하고 제시하여 기업과 함께 대북 업무를 지속적으로 전개할 계획이다.

대북비즈니스지원센터 조직도

대북비즈니스지원센터의 주요 성과

- 개성공단 입주기업 회계검증 및 세무자문
- 남북협력기금 외부감사
- 러시아 PNG도입 경제성 검토
- "Dynamic, Miracle, Zero 프로젝트" 전략 및 실행계획 수립
- 동아시아철도공동체구성방안 프로젝트 자문
- 북한 자본시장 인프라 구축 협력방안 마련을 위한 컨설팅

- 도서:《북한 비즈니스 진출 전략》(2018. 4),《북한의 지속가능발전을 위한 길》발간 예정(2019.5),《북한투자실무가이드》발간 예정(2019.8)
- 세미나: 남북경협전략포럼 매일경제와 공동 개최(2018.6) / 남북경제협력포럼 중앙일보와 공동 개최(2018.12)

문의 및 안내

문의: 02-2112-7454 대북비즈니스지원센터(김광석 센터장)

홈페이지: https://home.kpmg/kr/ko/home/services/special-service/communication-support.html

논문

- A Plus, 2009, "中國會計 三十而立", *PRC Accounting*, 香港會計師公會.
- Andrea Mennicken, 2009, "From Inspection to Auditing: Audit and Markets as Linked Ecologies", Accounting, *Organizations and Society* Vol. 35(3).
- BC. Tatiana Chudá, 2016, "Response by Czech Auditors and Audit Regulators to the Financial Crisis, Charles University in Prague", *Master's Thesis*, University in Prague.
- Charles J. P. Chen, Yuan Ding, and Bin Xu, 2014, "Convergence of Accounting Standards and Foreign Direct Investment", *The International Journal of Accounting* Vol. 49, No. 1.
- Dan Amiram, 2012, "Financial Information Globalization and Foreign Investment Decisions", *Journal of Intrernational Accounting Research* Vol. 11, No. 2.
- Eve Chiapello and Yuan Ding, 2005, "Searching for the Accounting Features of Captialism: An Ilustration with the Economic Transition Process in China", *HEC Research Papers Series* 817.
- Jerry Kwarbai, A. T. Ajibade, Jayeoba Olajumoke, I. M. Olayinka, G. O. Ogundajo, Jerry Dan Kwarbai, 2016, "Accounting standards and foreign direct investment inflow in selected african countries(1980-2015)", *International Journal of Advanced Academic Research* Vol. 2, No. 10.
- Katarzyna Kosmala MacLullich and Călin Gurău, 2004, "The Relationship between Economic Performance and Accounting System Reform in the CEE Region: The Cases of Poland and Romania", *CERT Discussion Papers* 0406, Centre for Economic Reform and Transformation, Heriot Watt University.
- Le Tuen N., Barbu Elena M., 2010, "Accounting as Catalyst of Economic Transition: An Overview of the Twenty-year Progression from a Communist to a Capitalist Accounting System", CERAG, 2010-02 E2.

- Marcela Žárová, 2008, "Accounting Reform in the Czecho Republic", *Accounting Reform in Transition and Developing Economies*, Springer.
- Navchaa Lamjav, 2008, "Accounting Systems and Stuctures in Poland", *Accounting Reform in Transition and Developing Economics*, Springer.
- Thanh Chu, 2004, "Accounting Changes in a Transition Economy: the Case of Vietnam", *Doctor of Philosophy Thesis, School of Accounting and Finance*, University of Wollongong.
- Tran Thi Thuong, 2018, "The Development Path of Vietnam Accounting System" *International Journal of Economics* and Finance Vol. 10, No. 5.
- 강철수, 2013, "우리나라 외국 투자기업 회계관련법규의 규제범위와 국제회계기준의 이용 가능성",《경제연구》, 2013년, 제3호(루계 제160호).
- 강철수, 2014, "최근 국제회계기준 제정에서 일어난 주요 변화",《경제연구》, 2014년, 제4호(루계 제165호).
- 김병호, 2001, "북한회계제도의 기본구조에 대한 연구",《회계정보연구》제15권.
- 김병호, 2007, "북한의 외국인 투자 기업 관련 회계 규정에 대한 연구-중국 회계기준의 변천을 참조하여",《국제지역연구》제11권 제1호.
- 김이배 · 윤성만 · 김미옥, 2018, "북한의 중앙-지방-부문회계에 대한 사례연구-북한대학 회계학 교재를 중심으로-",《한국정부회계학회 춘계학술대회 발표논문집》.
- 누엔 티 민 차우, 2017, "베트남의 2017년 기업회계기준과 K-IFRS의 비교연구" 서울시립대학교 대학원 경영학과 석사학위 논문.
- 손기근, 2005, "남북한의 회계감사제도에 관한 비교연구 (북한의 외국인투자기업부기검증을 중심으로)", 서강대학교 대학원 경영학과 석사학위 논문.
- 이해정 외, 2018, "북한의 경제개발구와 '통일경제특구' 구상의 연계가능성",《한국경제주평》18-34호.
- 임강택, 2000, "남북한 경제 · 경영분야 학술 교류 추진을 위한 당면과제",《국제고려학회 서울지회 논문집》제2호.
- 임강택 · 이강우, 2017, "개성공단 운영실태와 발전방안", 통일연구원.
- 정유석, 2017, "통일경제특구 조성과 개성공단 발전에 관한 실증연구", 고려대학교 일반대학원 북한학과 박사학위논문.
- 정형록 · 최연식 · 김미옥, 2017, "북한 회계학의 체계에 관한 연구-북한대학 회계학 교재를 중심으로",《한국회계학회 학술발표논문집》.

- 조미현, 2010, "북한 중앙행정기관 개혁 원인과 특징 연구", 이화여자대학교 대학원 박사학위논문.
- 최연식 · 정형록 · 이지연 · 김미옥, 2017, "북한 회계학 교과서 분석을 통한 북한의 회계검증제도에 관한 연구", 《정부회계연구》15(2): 157-179.

도서

- Robert W. McGee, Editor, 2008, *Accounting Reform in Transition and Developing Economies*, Springer.
- World Bank, 2011, *Guide to Corporate Sector Accounting and Auditing in the Acquis Communautaire*(2nd edition), World Bank.
- 강철수 · 함성준 · 김성희, 2017, 《회계지식(계산편)(제3판)》, 과학백과사전출판사.
- 개성공업지구 법제연구회, 2012, 《개성공업지구 법제의 진화와 미래》, 경남대학교 국동문제연구소.
- 국가정보원, 2012, 《북한법령집》상, 하.
- 국가정보원, 2017, 《북한법령집》.
- 권석균 · 조봉현 · 이경묵 · 이병철 · 정형록 · 김솔, 2013, 《통일, 기업에 기회인가 위기인가》, ㈜알에이치코리아.
- 권예경 · 최진현, 2017, 《중국회계의 제도적 이해-변천과 핵심내용》, 무역경영사.
- 김영진 엮음, 2012, 《유라시아의 체제전환과 경제발전》, 한양대학교 아태지역연구센터.
- 김옥선 · 박영환 · 오광혁 · 김정철, 2007, 《회계학: 대학용》, 평양고등교육도서출판사.
- 손희두, 2005, 《북한의 회계법제에 관한 연구》, 한국법제연구원.
- 윤성학, 2018, 《현대 중앙아시아의 이해》, 고려대학교 출판문화원.
- 이석기 · 권태진 · 민병기 · 양문수 · 이동현 · 임강택 · 정승호, 2018, 《김정은 시대 북한의 경제개혁 연구-'우리식 경제관리방법'을 중심으로》, 산업연구원.
- 장소영, 2017, 《북한경제와 법, 체제전환의 비교법적 분석》, 경인문화사.
- 정석우 · 이태호 · 전용욱 · 정형록 · 정기욱, 2019, 《북한회계의 이해》, 삼일인포마인.
- 정철원, 2007, 《조선투자법안내(310가지 물음과 대답)》, 법률출판사.
- 정철원, 주체96[2007] 《조선투자법안내 : 310가지 물음과 대답》, 법률출판사.
- 조동호, 2003, 《북한 경제정책의 변화 전망과 남북경협의 역할》, 한국개발연구원.

- 태평양, 2005, 《개성공업지구: 법규 및 제도해설》, 서울 로앤비.
- 통일부 남북협력지구지원단, 2013, 《개성공업지구 법규·사업준칙집》.
- 통일부 통일교육원, 2017, 《2017 북한이해》.

잡지, 기타 자료

- International Monetary Fund, 2000, "Transition Economies: An IMF Perspective on Progress and Prospects", An IMF Issues Brief
- United Nations Conference on Trade and Development, 2008, "Review of practical implementation issues relating to international financial reporting standards, Case study of Poland", United Nations
- World Bank, 1999, "Project Appraisal Document for a Proposed Loan of US$27.3 Million and a Proposed SDR 4.1 Million to the People's Republic of China for An Accounting Reform and Development Project", Document of The World Bank (ReportNo: 18312-CHA)
- World Bank, 2004, "Hungary-Report on the Observance of standards and codes (ROSC), Accounting and Auditing", Report (38978)
- World Bank, 2008, "Romania-Report on the Observance of Standards and Codes (ROSC), Accounting and Auditing", Report (70364)
- 김칠성, 2006, "회계복식기입에 관한 연구", 경제연구 2006년 제3호(루계 제132호).
- 대외경제정책연구원, 2018, "베트남 개혁모델이 남북경협에 주는 정책적 시사점", 오늘의 세계경제.
- Deloitte, 2016, 《베트남 규정 정리》.
- 오승렬, 2001, 〈중국경제의 개혁·개방과 경제구조: 북한경제 변화에 대한 함의〉, 통일연구원 연구총서 01-31.
- 이해정, 2018, 〈하나의 시장 구축을 위한 남북경제협력의 제도화 방안〉, KDI 북한 경제리뷰.
- 조명철 외, 2000, 《중국 베트남의 초기 개혁개방정책과 북한의 개혁개방》, 대외정책 연구원 정책연구 00-12.
- 조선대외경제투자협력위원회, 2016, 《조선민주주의인민공화국 투자안내》.
- 한국공인회계사회, 2018, 제1회 "회계의 날" 기념 세미나 자료.

- 한국은행, 2018, "베트남 경제 개혁 · 개방정책의 주요 내용 및 성과", 국제경제리뷰.
- 함성준, 2015, "회계검증에서 나서는 기본 요구", 김일성종합대학학보.
- 함성준, 2017, "회계검증사업을 강화하는 것은 기업체들이 재정회계계산을 실속있게 하기 위한 담보", 《김일성종합대학학보》 제64권 제4호.
- 현대경제연구원, 2015, "베트남 개혁 · 개방의 성공 요인과 시사점", 통일경제.
- 현대경제연구원, 2018, "베트남의 개혁 · 개방이 북한에 주는 시사점", VIP Report.

법령

- 개성공업지구 회계검증규정(주체 94[2005] 제정).
- 개성공업지구 회계규정(주체 94[2005] 제정).
- 라선경제무역지대 외국투자기업회계검증규정(주체 104[2015] 제정).
- 조선민주주의인민공화국 사회주의헌법(주체 62[1972] 제정, 주체 105[2016] 개정).
- 조선민주주의인민공화국 재정법(주체 84[1995] 제정, 주체 104[2015] 개정).
- 조선민주주의인민공화국 회계검증법(주체 97[2008] 제정, 주체 104[2015] 개정).
- 조선민주주의인민공화국 회계법(주체 92[2003] 제정, 주체 104[2015] 개정).

온라인 자료

- Deloitte 국제회계기준 포털, https://www.iasplus.com/en/jurisdictions
- IASB 포털, https://www.ifrs.org
- IFAC 국제회계사연맹 포털, https://www.ifac.org
- 조선교류, https://www.chosonexchange.org
- 조선일보, http://news.chosun.com/site/data/html_dir/2015/02/13/2015021300291.html
- 통일부 북한정보포털, http://nkinfo.unikorea.go.kr
- 개성공업지구지원재단 개성공업지구관리위원회 홈페이지, http://www.kidmac.or.kr
- 중앙일보, http://mnews.joins.com/article/22993702

**남북경제협력
회계 통일이 우선이다**

초판 1쇄 2019년 5월 17일
    2쇄 2019년 7월 15일

기획	한국공인회계사회
집필	한국공인회계사회 남북회계협력위원회
발행인	이상언
제작총괄	이정아
편집장	조한별
책임편집	최민경
디자인	mmato
발행처	중앙일보플러스(주)
주소	04517) 서울시 중구 통일로 86 4층
등록	2008년 1월 25일 제2014-000178호
판매	1588-0950
내용문의	02) 3149-0335, 0302(한국공인회계사회)
홈페이지	jbooks.joins.com
네이버 포스트	post.naver.com/joongangbooks

ⓒ 한국공인회계사회, 2019

ISBN 978-89-278-1010-0 03320